Werner Milstein, geboren 1955, Studium der Theologie und Philosophie in Münster und Göttingen, er war Gemeindepfarrer in Ostwestfalen, danach im Verlagswesen in Hamburg tätig. Zurzeit ist er Religionslehrer im Berufskolleg in Olsberg/Sauerland.

Werner Milstein

Einer muss
doch anfangen!

Das Leben der
Sophie Scholl

Für Alexander und Ricarda
sowie Tabea und Thea Charlotte

Il faut avoir l'esprit dur
et le coeur tendre.

Man muss einen harten Geist
und ein weiches Herz haben.
Sophie Scholls Wahlspruch

Inhalt

Mit ihr zusammen hatte ich, wie sonst
mit keinem Menschen, das Gefühl:
Wir machen Sprünge, wir fliegen.
Die Freundin Susanne Hirzel

1. Kapitel

Es wird noch eine Entscheidung fallen

Sophie Scholl stellte das Fahrrad an der Straße ab. Es war früh am Morgen, einige Frauen waren mit Einkaufstaschen unterwegs, ein Pferdefuhrwerk rumpelte über das Pflaster. Sie begab sich an den Zaun, um sich von ihrem Bruder und den anderen Freunden der Studentenkompanie zu verabschieden. Seit Mitte Juli gab es das Gerücht, dass die Medizinstudenten während der Semesterferien zur »Frontfamulatur« nach Russland geschickt werden sollten. Zunächst war es nur ein Gerücht, aber dann von einem Tag auf den anderen ging die Order aus. Am 23. Juli 1942 hatten sie sich um 7 Uhr am Ostbahnhof einzufinden. Und nun stehen sie zusammen, Hans Scholl und Alexander Schmorell. Die Freunde wollten versuchen, in Russland zusammenzubleiben, und danach fortsetzen, was sie gemeinsam begonnen hatten: Flugblätter gegen das Hitlerregime zu verfassen und zu verteilen.

Einer von den Kameraden, Jürgen Wittenstein, nutzte die lange Wartezeit von vier Stunden, um Fotos zu machen. Man sieht die Studenten in Uniform gestikulieren und lachen und auf der anderen Seite des Zaunes Sophie Scholl – sie wirkt fröhlich, wirft die Arme in die Höhe, und dann im nächsten Moment erscheint sie wieder nachdenklich. Wittenstein wird später über sie sagen: »Sie war ein großartiges Mädchen, einerseits sehr ernst, sehr überzeugt, sehr geradlinig, auf der anderen Seite konnte sie unglaublich fröhlich und heiter sein und übermütig. Sie war etwas Besonderes, eine ungewöhnliche, bemerkenswerte Mischung. Eine Persönlichkeit.«

Den Studenten war nicht viel Zeit geblieben, sie mussten alle Spuren verwischen, den Vervielfältigungsapparat verstecken, Papiere, Materialien und was sie sonst noch alles verraten könnte. Dann mussten sie packen, sich von der Familie und den Freunden verabschieden.

Hans hatte die Freunde in das Atelier des Architekten Manfred Eickemeyer in Schwabing eingeladen,
wo sie oft zusammenkamen, um miteinander zu reden und zu diskutieren und auch zu feiern. Dieser Abschiedsabend wird ihnen im Gedächtnis bleiben. Keiner
konnte sagen, ob sie alle von der Ostfront zurückkehren würden. An diesem Abend wollten sie darum zusammen feiern. Die Stühle und Sitzkissen hatten sie
großzügig im Raum verteilt, Tee und Kuchen zuvor in
reichlichem Maße besorgt, aber auch Wein und härte-
re Sachen. Es war der Kern der Weißen Rose, der sich
hier versammelte. Neben Hans und Sophie Scholl waren es Alexander Schmorell und Christoph Probst. Dazu
die Freundinnen Traute Lafrenz, Gisela Schertling und
Katharina Schüddekopf, daneben war diesmal auch
Manfred Eickemeyer dabei, der sich meistens beruflich
in Polen aufhielt und deshalb sein Atelier den Studenten zur Verfügung gestellt hatte. Und einen besonderen
Gast hatten sie eingeladen, der sich freute, an diesem
Abend dabei sein zu dürfen: Professor Kurt Ivo Huber.
Hans Scholl und Alexander Schmorell hatten ihn extra
aus Gräfeling abgeholt. Seine Philosophievorlesungen
wurden von Studenten und Studentinnen aus allen Fa-
kultäten besucht, sie waren geistreich und unterhalt-
sam, aber verrieten auch seine kritische Einstellung
zum Nationalsozialismus.

Zunächst ging es um Literatur und Kunst, dann aber
kam man in der Runde auf Politik zu sprechen. Wie soll-

te man sich im Krieg verhalten? Sollte man auf Menschen schießen? Alexander Schmorell wollte sich unbedingt passiv verhalten, er konnte sich nicht vorstellen, Russen zu töten. Seine früh verstorbene Mutter war Russin und er hatte die ersten Jahre seiner Kindheit in Russland verlebt. Sophie Scholl erinnerte an das Gebot »Du sollst nicht töten«. Darf man als Christ überhaupt töten? Professor Huber gab zu bedenken, dass der Soldat im Krieg nicht als Einzelperson verantwortlich sei, sondern als Glied einer übergeordneten Macht handle. Und dann brach Zorn und Wut aus ihm heraus: »Diese Generäle, die gehören alle an die Wand gestellt!«

Längst war der Krieg nach Deutschland gekommen, über Köln und Hamburg hatten die Alliierten Bomben abgeworfen. In ganz Deutschland versanken Jahrhunderte alte Kulturgüter in Schutt und Asche, Burgen und Schlösser, Kirchen und Kathedralen. Einig war man sich, dass der Krieg verloren gehen würde. Sollte man so lange warten? Hans Scholl widersprach: Die Isolation sei keine Basis für den Sturz des Regimes. Alle Personen in der Runde kannten die Flugblätter der Weißen Rose. War das eine Möglichkeit? Man war sich in dem Kreis nicht einig. Katharina Schüddekopf beobachtete den Professor, wie er errötete, sich in seinem Stuhl wand und dann laut rief: Es gebe nur einen Weg, »heimliche Propaganda, Sabotage und ... Attentat!« Alle erschraken in diesem Moment und starrten ihn an.

Mittlerweile war auch Hans Hirzel aus Ulm dazugekommen, der Bruder einer Freundin von Sophie Scholl. Der Oberschüler hatte Ferien und war neugierig nach München gereist. In seiner Post hatte er ebenfalls ein Flugblatt der Weißen Rose gefunden und hegte die Vermutung, dass Hans Scholl damit etwas zu tun haben könnte. Als er mit den Geschwistern Scholl alleine war, sprach er sie darauf an. Hans Hirzel konnte für die Weiße Rose gewonnen werden. Sophie Scholl, die für die Finanzen zuständig war, gab ihm 80 Reichsmark, um einen Vervielfältigungsapparat für die Flugblätter zu kaufen. Längst war der Plan gereift, ein Netz aufzubauen, damit an möglichst vielen Orten der Widerstand gegen den Nationalsozialismus organisiert werden könne. Wenn Hans Scholl und die anderen Mitglieder der Weißen Rose von der Ostfront zurückgekehrt seien, würde die Arbeit fortgesetzt werden. Und Sophie Scholl wird dabei sein, wenn dann die Flugblätter hergestellt und verteilt werden.

Einige Tage zuvor schrieb sie auf eine Kunstpostkarte mit einem Stillleben von Paul Cézanne: »Wie wird unser nächstes Zusammentreffen sein? In diesem Jahr wird noch eine Entscheidung fallen. Mit jeder Fiber seines Wesen wartet man auf sie.« Als nach weit über 50 Jahren ihre Schwester Inge das Buch von Augustinus in die Hand nimmt, das Sophie Scholl in dieser Zeit gelesen hat, fällt ihr diese Kunstpostkarte in die Hände.

Es ist immer wieder erwähnt worden, dass Sophie Scholl an diesem Abend wie auch wohl bei den übrigen Treffen meist geschwiegen und sich selten an den Diskussionen beteiligt habe. So ausgelassen, wie sie sein konnte, so ernst und nachdenklich war sie zugleich, um Klarheit und Wahrheit bemüht, um Wahrhaftigkeit und Konsequenz.

Traute Lafrenz und sie haben nach dem Abschiedsabend noch aufgeräumt – das war selbst in dieser studentischen Widerstandsgruppe »Frauensache«. Die Freundin überließ Sophie Scholl das gemeinsame Fahrrad, damit sie noch rechtzeitig zum Ostbahnhof kam. Und während sie sich von ihrem Bruder und den anderen verabschiedete, wurde ihr das Fahrrad gestohlen.

Neben den Abschiedsbildern am Bahnhofszaun gibt es noch ein weiteres, das Hans und Sophie Scholl zusammen mit Christoph Probst zeigt, der zum Sanitätsdienst nach Innsbruck beordert worden war. Er macht einige Notizen, Hans Scholl beobachtet ihn dabei. Sophie Scholls Gesicht ist ernst und nachdenklich. Die Blume, die sie zuvor noch in der Hand hielt, hat sie sich an die Bluse gesteckt. Dieses Bild ist berühmt geworden, es wurde zur Ikone der Weißen Rose.

Sieben Monate, nachdem dieses Bild entstanden ist, werden alle drei vor dem Volksgerichtshof stehen und dann noch am selben Tag gemeinsam hingerichtet werden.

2. Kapitel
Idyll mit Rissen. Forchtenberg

Der Kocher bei Forchtenberg

Der kleine Ort Forchtenberg, in dem Sophie Scholl zur Welt kam, liegt am Kocher. An seinem Ufer lässt sich herrlich die Sonne genießen und schon bald geht es ins Wasser. Die ältere Schwester Inge brachte ihr das Schwimmen bei, und als sie sechs Jahre alt war, durchquerten beide den Fluss. Sophie wurde zu einer leidenschaftlichen Schwimmerin. Sie konnte später an keinem Gewässer vorbeigehen, ohne wenigstens die Füße einzutauchen, überhaupt liebte sie die Natur. Deshalb konnte sie ebenso wenig im Mai so einfach an einer Wiese vorbeigehen. »Es gibt nichts Verlockenderes«, schrieb sie später, »als solchen duftenden Grund, über dem die Blüten der Wiesenkerbel wie ein lichter Schaum schweben, daraus Obstbäume ihre blütenbesteckten Zweige recken, als wollten sie sich erretten aus diesem Meer der Seligkeit.«

Am Kocher hatte die Mutter einen Garten angelegt, er war ihre ganze Leidenschaft. So konnte sich die Familie mit Obst und Gemüse selbst versorgen. Ein Stück des Gartens war eigens für die Kinder abgetrennt, da konnten sie ganz nach eigenen Vorstellungen wirken, pflanzen, säen und ernten. Die Mutter war eine sparsame Frau, eine schwäbische Hausfrau eben. Aus Obst wurde Marmelade gemacht, Gemüse wurde eingekocht, Verschwendung gab es nicht. Der Tisch war immer gedeckt und stets gab es ihren köstlichen Hefekuchen, gleich, wie schwer die Zeiten waren. Davon schwärmten auch die Freunde der Kinder. Gastfreundschaft und Hilfsbereitschaft waren in der Familie wichtige Werte.

Das Rathaus, in dem Sophie Scholl zur Welt kam, stammte aus dem 18. Jahrhundert. Ein stattliches Gebäude, eines der größten im Ort. Eine dunkle Treppe führte nach oben, wo zur Straße hin das Büro des Vaters, das zugleich der Rathaussaal war, lag und zum Garten hin die Wohnräume. Sie waren zwar groß, aber nicht besonders komfortabel. Durch die Fenster zog es, die Öfen waren recht altmodisch. Das Leben spielte sich in der Diele ab, dort wurde gegessen, Hausaufgaben gemacht und diskutiert, eben gelebt. Dort hing, zur Freude aller Kinder, auch eine Schaukel! Die gute Stube dagegen wurde selten genutzt. Dort stand das Klavier, alle Kinder bekamen Klavierunterricht. Für eine bürgerliche Familie gehörte das – im wahrsten Sinne des Wortes – zum guten Ton.

Die Eltern stammten aus eher bescheidenen Verhältnissen. Die Mutter Magdalene Scholl, geborene Müller, mit Rufnamen Lina, kam als viertes Kind eines Schuhmachers am 5. Mai 1881 in Künzelsau zur Welt. Gerne wäre sie Lehrerin geworden, aber dazu fehlten der Familie die finanziellen Möglichkeiten. Also machte sie eine Ausbildung zur Krankenschwester im Diakonissenhaus von Schwäbisch Hall. Dort gab es eine genaue Erwartung an die zukünftigen Diakonissen:

Rathaus in Forchtenberg

Sie »fordert entschieden christliche Gesinnung, den Drang zu helfen, die Willigkeit, mit anderen sich zu verbinden«. Das entsprach dem württembergischen Pietismus, der eine tiefe Frömmigkeit mit praktischer Nächstenliebe verband. 1909 wurde Magdalena Scholl, für ihren Dienst eingesegnet. In verschiedenen Gemeinden war sie im Einsatz, bevor sie in Söflingen, einem Ulmer Vorort, eine Kindergrippe mit aufbaute. Als der 1. Weltkrieg ausbrach, wurde sie im Reservelazarett in Ludwigsburg eingesetzt, und als dort eine schwere Typhusepidemie ausbrach, meldete sie sich zur Pflege der Erkrankten.

Liest man die Charakterisierung der Mutter als Kind, fühlt man sich unweigerlich an Sophie Scholl erinnert. Lina wird als ein ruhiges, aber fröhliches Kind beschrieben und als eine sehr gute Schülerin. Halt hat ihr der Glaube gegeben: Sie vertraute dem menschenfreundlichen Gott, der sie führt und hält. Es war ein bewusst evangelischer Glaube, aber ohne jegliche konfessionelle Enge. Beim Angelusläuten der katholischen Kirche sprach sie ein Gebet; zu der jüdischen Familie in Künzelsau hielt sie einen herzlichen Kontakt. Diese offene Art prägte später auch ihre Kinder; in der Familie war sie der Mittelpunkt und schuf damit auch einen Ausgleich zu der manchmal schroffen Art des Vaters.

Robert und Lina Scholl lernten sich im Reservelazarett in Ludwigsburg kennen. Der Vater kam am

13. April 1892 in Steinbrück zur Welt, in einer Klein-bauernfamilie mit elf Kindern. Sein Lehrer schlug vor, dass er das Gymnasium besuchen solle, aber das war unmöglich. Auch hier reichten die Mittel nicht. So gab ihm der Pfarrer unentgeltlichen Privatunterricht. 1909 konnte der Junge in Stuttgart die Prüfung der mittleren Reife ablegen. Er schlug die Laufbahn eines mittleren Verwaltungsbeamten ein und lernte seinen Beruf von Grund auf. Er arbeitete in einem Rathaus und im Amtsgericht. 1913 machte er die Verwaltungs-dienstprüfung.

Im Prinzip war er nun für seinen Beruf vorbereitet, aber im Jahr darauf brach der 1. Weltkrieg aus und Ro-bert Scholl erhielt den Stellungsbefehl. Als überzeug-ter Pazifist lehnte er den Einsatz mit der Waffe ab; als »garnisonsverwendungsfähig« wurde er zum Sanitäts-dienst im Reservelazarett in Ludwigsburg abgeordnet. Dort lernte er die zehn Jahre ältere Lina Müller kennen und verliebte sich in die hübsche Frau. Sie versprachen sich gegenseitig. Lina legte die schwarze Diakonissen-tracht ab und und im November 1916 heirateten die beiden. »Wir wollen nun glücklich miteinander leben, dies jedoch nicht ins Weite tun, sondern nur für uns und für die, die unserer Liebe bedürfen«, schrieb sie ihrem Mann. Diese Liebe wird sie durch ihr gemeinsa-mes Leben tragen. Für Lina Scholl war dabei ihr großes Gottvertrauen eine Stütze, während ihr Ehemann ein Suchender war und blieb.

Tag für Tag forderte der 1. Weltkrieg Opfer, die kriegsführenden Länder hatten sich in einen grausamen Stellungskrieg verbissen. Für das junge Ehepaar war klar, dass Deutschland den Krieg verlieren werde und musste. Als der amerikanische Präsident den Plan eines weltweiten »Völkerbundes« unterbreitete, war dies für Robert Scholl ein »Markstein in der Geschichte«. Aber die Zeit war für diese Idee noch nicht reif. Am 6. April 1917 erklären die USA dem Deutschen Reich den Krieg.

Nur wenige Monate später trat der junge Verwaltungsbeamte Scholl seine erste Stelle an. Am 2. Juni 1917 erhielt er die Urkunde als »Schultheißenamtsverweser« in der kleinen Gemeinde Ingersheim / Altenmünster, das heißt, er verwaltete die Stelle des Ortsvorstehers, in die er ein Vierteljahr später gewählt wurde.

Am 11. August 1917 kam in der gemeinsamen Wohnung das erste Kind zur Welt, Inge. Dass es nicht das einzige Kind bleiben sollte, darin waren sich die Eltern einig. Ein gutes Jahr später, am 22. September 1918, wurde Hans geboren. Die Taufe empfingen die Kinder in der evangelischen Matthäuskirche. Sie waren das Glück der jungen Familie, ein Geschenk in diesen schweren Zeiten.

Nüchtern sah Robert Scholl seine gegenwärtige Aufgabe in der Sicherung des schlichten Überlebens. Seine Tüchtigkeit sprach sich herum.

Das Ende des Krieges war nicht mehr aufzuhalten, im Norden und Süden des Deutschen Reiches erhoben sich Arbeiter und Soldaten zum Aufstand. Am 9. November 1919 rief Philipp Scheidemann in Berlin die Deutsche Republik aus. Die Zeit der Monarchie war zu Ende, es war der Anfang der Demokratie. Überall bildeten sich Arbeiter- und Bauernräte. So auch in Forchtenberg. Der unbeliebte Ortsvorsteher konnte abgesetzt werden, und der Vorsitzende des Rates hatte auch schon einen Nachfolger im Blick: Robert Scholl. Am 19. Oktober 1919 wurde er mit knapper Mehrheit gewählt. In Ingersheim wurden die Koffer gepackt und es ging mit der Postkutsche nach Forchtenberg! Eine richtige Straße gab es nicht, überhaupt machte der gesamte Ort einen recht rückständigen Eindruck. Zwar sahen die Fachwerkhäuser idyllisch aus, aber der Putz fiel von den Wänden. Die Wasserversorgung versagte im heißen Sommer, eine Kanalisation gab es überhaupt nicht. Wenn es stark regnete, überschwemmte das Wasser die Straße. Die Kinder hatten daran ihre Freude: Sie konnten dann auf Stelzen gehen.

Robert Scholl war ehrgeizig und seine Bilanz konnte sich am Ende sehen lassen. Es sorgte für eine Kanalisation, die Straßen wurden ausgebaut, ein Lagerhaus für die Bauern wurde errichtet sowie eine Turnhalle. Und was ihm besonders wichtig war: Der Ort wurde an das Eisenbahnnetz angeschlossen und damit auch mit dem Umfeld verbunden. Die moderne Zeit hielt nun auch in

Forchtenberg Einzug. Und als wollte Robert Scholl das noch unterstreichen, stiftete er aus eigenen Mitteln eine Bahnuhr und bemerkte etwas spitz dazu, dass »sie gerne jedem genaue mitteleuropäische Zeit angibt«. Allerdings gelang es ihm ebenso wenig wie seinem Vorgänger, einen Industriebetrieb dauerhaft anzusiedeln.

Robert Scholl war anerkannt und respektiert, aber nicht beliebt. Er blieb distanziert, dabei hätten sich die Bürgerinnen und Bürger wohl eher einen Ortsvorsteher gewünscht, der mit ihnen zusammen in der Gaststätte zusammensaß und einen Schoppen Wein trank. Manchen galt er als »Liberaler« und das machte ihn für viele verdächtig.

Und wie man vieles der jungen Weimarer Republik anlastete, so war in Forchtenberg der Ortsvorsteher an allem Schuld. Inflation und Arbeitslosigkeit drückten schwer auf die Menschen, das bekamen auch die Bauern zu spüren. Kinder haben ein gutes Gespür für die Stimmung, sie erleben es auf ihre Weise, den Applaus, der ihrem Vater gilt, aber auch den Neid und die Häme. Dennoch, für sie war Forchtenberg ein Idyll.

Die Familie war mittlerweile herangewachsen. Am 27. Februar 1920 kam Elisabeth zur Welt, im Jahr darauf, am 9. Mai 1921, die dritte Tochter: Lina Sofie, so steht es in der Geburtsurkunde. Sofie war der Rufname, in den Poesiealben ihrer Freundinnen schrieb sie ihren Namen mit ph, später bevorzugte sie diese Schreibweise konsequent. So wird ihr Name heute

Statue des Drachenkämpfers Michael vor der ev. Kirche in Forchtenberg

allgemein wiedergegeben; in diesem Buch ist es deshalb auch nicht anders.

Wieder ein Jahre später, am 13. November 1922, wurde Werner geboren. Während die Älteren viel zusammen waren, hingen die beiden Jüngsten sehr aneinander. Manchmal sah man die beiden Hand in Hand über die Wiese gehen. In der Familie lebte auch Ernst Gruele, der seltsamerweise bei den Geschwistern keine Erwähnung findet, allenfalls als Pflegesohn genannt wird. In Wirklichkeit aber war er ein unehelicher Sohn Robert Scholls.

Das Haus war immer voller Leben, und die Mutter hatte alle Hände voll zu tun. Dabei gingen ihr zwei Mädchen zur Hand, die aus den umliegenden Bauernhöfen stammten und bei ihr den Haushalt erlernten. Daneben besuchte die Mutter auch Bedürftige und Kranke in der Gemeinde und unterstützte sie. Am Sonntag hielt sie in der Michaelskirche den Kindergottesdienst, der im schwäbischen »Kinderkirchle« genannt wurde.

Mit der Pfarrerfamilie waren die Scholls gut befreundet und im verwilderten Pfarrgarten spielten die Kinder oft miteinander. Gemeinsam führten sie ausgedachte Märchenstücke auf. Die Leitung hatte dabei die älteste Schwester, Inge, die sogar einmal eine richtige Kinderoper schrieb. Sophie stattete die Aufführungen künstlerisch aus, dabei fiel ihr zeichnerisches Talent auf.

Dann stürmten die Kinder zur Burgruine hoch – bis der Vater eines Tages das Gelände absperren ließ, weil es zu gefährlich war –, oder sie plätscherten übermütig am Kocher. Im Wald richteten sie mit Steinplatten Wohnungen ein, überhaupt spielte Sophie gerne mit Puppen. Ein Puppenbett mit Rollen wünschte sie sich, dort wolle sie eines Tages ihr eigenes Kind hineinlegen.

Von ihr ist ein Aufsatz über »Kleine und große Feste im Jahreslauf« erhalten. Darin schrieb sie auch über den Badetag, bei dem es manchmal hoch herging und die Kinder sich um den Schwamm oder auch ein Papierschiffchen stritten. Dazu mietete die Mutter übrigens die Badestube des Bäckers an, wobei sie großen Wert darauf legte, dass die Kinder sich selbst wuschen. Erst wenn es zu heftig zuging, beendete sie das Vergnügen. Der Weg nach Hause war nicht lang und so saßen die Kinder dann am Abend auf ihren Betten, tranken heiße Zuckermilch, aßen leckeres Honigbrot und hörten der Mutter zu, die den Kindern ein Märchen erzählte.

Bücher spielten von Anfang an eine große Rolle im Elternhaus. Neben den Märchenbüchern von Wilhelm Hauff und den Gebrüdern Grimm standen der Struwelpeter und das Ludwig-Richter-Hausbuch im Regal und dazu auch die illustrierte Bibel von Schnorr von Carolsfeld. Beliebt war das von Sibylle von Olfers verfasste Buch von den Wurzelkindern, das von Kindern erzählt, die die Geborgenheit der Erde verlassen, sich auf ihren eigenen Weg aufmachen und zuletzt wieder zur Erde zurückkehren. Es war kunstvoll mit Jugendstilbildern ausgeschmückt und versuchte, den Kindern in einer symbolischen Sprache die Natur verständlich zu machen. Natürlich fehlten auch Bücher mit Gedichten und Liedern nicht.

Am 22. März 1925 kam das jüngste Kind zur Welt, Thilde. Schnell bildete es den Mittelpunkt der Geschwister, stundenlang konnte Sophie mit ihm spielen. Die Kleine konnte gerade laufen, da wurde sie auf den Schlitten gepackt und es ging raus. Ein fröhliches Weihnachten feierten sie gemeinsam, aber kaum hatte das neue Jahr begonnen, erkrankte Thilde an Masern. Der erste Todeszettel für das Jahr 1926 wurde auf ihren Namen ausgestellt. Sie starb in der Nacht auf den 5. Januar.

Ein Vers aus dem Jeremiabuch wurde zu ihrem Grabspruch. »Ich habe dich je und je geliebt, darum habe ich dich zu mir genommen aus lauter Gnade.« (Jeremia 31,3) Das unerschütterliche Vertrauen in Gott hat die Mutter diesen schmerzlichen Verlust tragen lassen, Vertrauen in einen Gott, dessen Wege wir nicht immer verstehen. Nun war Sophie das jüngste Kind. Sie, der Mutter in manchem so ähnlich, galt als ihr »Sonnenschein«.

Inge und Hans gingen in die evangelische Volksschule, während die Jüngsten zur Kleinkinderschule gingen. Es war der erste Kindergarten in der Region und der zweite in ganz Württemberg. 1832 wurde er von einem evangelischen Pfarrer als »Spielschule« gegründet zur »Erleichterung für Eltern mit Berufsgeschäften«.

Sophie Scholl

Am 1. Mai 1928 wurde Sophie in der Volksschule von Forchtenberg eingeschult. Sie wird als still und zurückhaltend beschrieben, aber sie konnte auch sehr selbstbewusst sein. Aus der Zeit, als sie in der ersten Klasse war, wird die Anekdote erzählt, wie sie für ihre Schwester Liesl (Elisabeth) eintrat, die sie ungerecht behandelt sah. In der Volksschule waren immer zwei Klassen in einem Raum zusammengefasst und es war üblich, dass die besseren Schülerinnen und Schüler vorne saßen. Das hing aber von der Tagesform ab, so dass es immer wieder dazu kam, dass sie sich umsetzen mussten. Einmal kleckste Liesl mit dem Füller in ihr Heft, als Strafe musste sie nach hinten rücken.

Selbstbewusst trat Sophie an das Pult und sagte, dass ihre Schwester heute Geburtstag habe und sie Elisabeth deshalb wieder nach vorne setze. Ob der Lehrer dem nachgab oder nicht, ist nicht mehr zu klären. Auf jeden Fall zeigt die Geschichte Sophies Gespür für Gerechtigkeit und ihren Mut, dafür auch konsequent einzutreten.

Bisweilen besuchte die Mutter ihre Schwester in Backnang. Sophie begleitete sie sehr gerne dorthin. In dem Haus lebte auch die Familie Remppis. Die Tochter Lisa war zwar zwei Jahre jünger, aber beide verstanden sich ausgezeichnet und es wurde eine Freundschaft bis zum Ende. Was Sophie an ihr beeindruckte, war ihre Unangepasstheit. Von Sophie ist ein Ausspruch überliefert, mit dem sie sich selbst charakterisierte:

Die Brävste bin ich nicht,
die Schönste will ich gar nicht sein,
aber die Gescheiteste bin ich immer noch.

Ende 1929 stand wieder die Wahl zum Schultheiß an. Robert Scholl konnte stolz Bilanz ziehen und das tat er auch. Er wirkte mit großen Einsatz, er habe »arbeitsreiche, schwere und sorgenvolle Jahre verlebt, aber dabei ganz wenig Freude und Anerkennung erfahren«. So konnte er allerdings keine Stimmen gewinnen, auch der Hinweis, dass von seiner Wiederwahl die Existenz seiner Familie abhänge, war nicht geschickt.

Am 29. Dezember war das Rathaus für die Stimmabgabe geöffnet. Die Kinder saßen auf der Treppe zum Dachboden und erlebten von dieser Warte die Ereignisse. Ihr Vater erhielt 176 Stimmen, der Gegenkandidat 299. Das Urteil der Bevölkerung fiel vernichtend aus. Aber nicht genug damit, die Reaktion der Schriftleitung des »Hohenloher Boten« auf einen Leserbrief, der von der menschlichen Undankbarkeit schrieb, empfand Scholl als beleidigend und klagte dagegen. Das hatte zur Folge, dass man versuchte, ihn als Person zu diskreditieren, wobei auch von sittlicher Verfehlung gesprochen wurde, gemeint war der uneheliche Sohn.

Robert Scholl war isoliert und die Kinder werden es gespürt haben. Auch sie waren nun ausgegrenzt. Lina Scholl stand ganz unbeirrt zu ihrem Mann. Sie schrieb: »Mit Gottes Hilfe überwinden wir vollends die schändlichen Anschläge, die manche Menschen mit uns getrieben haben, um uns vorsätzlich ins Unglück zu stürzen, was ihnen aber nicht gelungen ist.« Ihre Wohnung war zu einer Insel geworden in einem immer feindlicher gesinnten Umfeld.

Die Wohnung mussten sie räumen. Der Gemeinderat stellte der Familie ein Ultimatum und drohte mit einer Räumungsklage. Am 1. Juni 1930 sollten sie das Rathaus verlassen haben; im Protokoll ist zu lesen, dass sie erst am 13. Juni ausgezogen sind. Die letzten Monate lagen schwer auf dem Vater, aber auch auf der ganzen Familie.

Das Paradies war längst zerbrochen, aus dem Traum war ein Alptraum geworden. Sophie Scholl hatte mit Forchtenberg abgeschlossen. Im Unterschied zu ihren Geschwistern ist sie nie mehr an ihren Geburtsort zurückgekehrt.

Ehemalige Gedenktafel am Forchtenberger Rathaus

3. Kapitel

Intermezzo in Ludwigsburg

»Wir Scholls halten zusammen, stolz und unbeugsam«, das galt für Forchtenberg, das wird auch für die Zukunft gelten. Der Wahlspruch der Familie entstammt einem Gedicht Goethes und wird in der kommenden Zeit immer wieder zitiert: »Allen Gewalten zum Trotz sich erhalten«.

Der Vater mietete in Ludwigsburg eine große Wohnung in der Nähe des Bahnhofs und im Juni 1930 zog die Familie um. Im Grunde war die Wohnung viel zu groß, das ging zu Lasten der Mutter. »Hier arbeite ich alles allein«, schrieb sie. »Die Kinder müssen tüchtig lernen, sie können mir wenig helfen. Ich muss mich oft selbst wundern, dass ich dauernd so arbeiten kann.« Um über die Runden zu kommen, vermietete sie ein Zimmer an eine Lehrerin.

Ludwigsburg mit seinen 30 000 Einwohnern war eine Garnisonsstadt. 6 500 Soldaten waren hier stationiert, gegen Ende des Krieges sogar 18 000. Hierhin war ja auch Robert Scholl als Sanitäter abgeordnet worden und hier hatte er seine Frau kennengelernt. Hat das eine Rolle gespielt? Eine neue Anstellung fand er in Stuttgart, und zwar als Geschäftsführer bei der Maler- und Lackiererinnung.

29

Zwar spürte man die Folgen des Versailler Vertrages auch in Ludwigsburg, aber es gelang, in den leeren Kasernen Industriebetriebe anzusiedeln. Die Straßen waren auf dem Reißbrett entworfen worden, und es gab städtisches Leben, zahlreiche Geschäfte und viel Verkehr auf den Straßen. Das Leben war so ganz anders als in dem verträumten Forchtenberg. Sie vermissten die Natur. Die Wohnung war zwar groß, aber sie hatten keinen Garten, nicht einmal einen Balkon. Und wenn sie rausgingen, mussten sie vorsichtig sein.

Politisch gärte es im Deutschen Reich und das war auch in Ludwigsburg zu spüren. In Berlin wechselten die Regierungen, die Zahl der Arbeitslosen stieg ständig. Das Land befand sich in einem Wahlkampfmodus, mal zogen die Kommunisten durch die Straße, dann die Nationalsozialisten. Manchmal stießen beide Gruppen auch aufeinander und es kam zu Schlägereien. In München betrat ein eher unscheinbarer Mann mit einem ausgeprägten Rednertalent die Bühne. Zwar scheiterte Adolf Hitler am 8. November 1923 mit seinem Plan, die Bayerische Regierung zu stürzen, aber er konnte Anhänger sammeln. Den Straßenkampf wird er künftig bewusst für seine Zwecke einsetzen. So radikal seine Pläne und Sprache waren, so gewalttätig werden auch seine Mittel sein.

Die Kinder lebten sich in Ludwigsburg ganz gut ein. Hans ging zum Gymnasium, Inge und Elisabeth besuchten die Realschule. Die Eltern wollten auch den

Robert Scholl mit den Kindern Inge, Hans, Elisabeth, Sophie und
Werner vor dem Jagdschloss Favorite in Ludwigsburg. Vermutlich hat
die Mutter diese Aufnahme 1930 gemacht.

Töchtern eine gute Schulbildung mitgeben. Sophie kam in die 3. Klasse der evangelischen Mädchenvolksschule und bald war sie auch dort die beste Schülerin. Und noch etwas anderes fiel den Klassenkameradinnen auf: ihr außergewöhnliches Zeichentalent. Einer Mitschülerin schrieb sie ins Poesiealbum:

> *Lass nie den frohen Mut dir rauben,*
> *und halte fest an deinem Glauben,*
> *in guten wie in schlimmen Tagen,*
> *so wirst die Last du leichter tragen,*
> *ein fester Stab ist kindlich Gottvertrauen!*

Die Blütenranke, die sie mit Tusche an den Rand malte, verriet eine sichere und geübte Hand. Ihre Schwester Inge war die Erste, die ihr Talent erkannte. Sie wird versuchen, sie zu fördern.

Nicht weit von der Wohnung lag das Jagdschloss Favorite. Das konnte man für ein paar Stunden mieten, und die Kinder fühlten sie in eine andere Welt versetzt. Der große Landschaftsgarten mit seinen alten Bäumen und dem Tierpark kam ihnen wie ein »Paradies« vor. Es war für die ganze Familie ein Ausgleich am Wochenende. Der Vater besuchte Abendkurse, die Tätigkeit in Stuttgart sollte nur eine Zwischenstation sein. Im November 1931 entdeckte Robert Scholl eine Anzeige, dass in einem Ulmer Steuerbüro ein Teilhaber gesucht werde. Nach zwei Jahren zog die Familie wieder um.

4. Kapitel

Jungmädel wollen wir sein

Ulm in den 30er Jahren

Es wird marschiert in Ulm, immer und immer wieder. Durch die Straßen hallt der Schritt der Uniformierten, und die Menschen sind begeistert. »Wir standen auf dem Balkon, wie abends ein großer Fackelzug der SA durch die Straße zog, und das hat mich unglaublich fasziniert damals, ich war noch keine zehn Jahre alt und dieser Fackelzug, das hat so eine Art Aufbruchstimmung signali-   33 siert«, so erinnerte sich eine ehemalige Klassenkameradin von Sophie Scholl. Sie empfand diesen Moment wie ein Fanal, »… und da hatte ich eigentlich den Gedanken, ich möchte mich dem irgendwie anschließen, ich wäre am liebsten auf die Straße gelaufen und hätte auch eine Fackel genommen und wäre mitgegangen.« Diese Welle erfasste viele, vor allem Jugendliche, darunter auch die Geschwister Scholl.

Im März 1932 war die Familie nach Ulm umgezogen, der Vater hatte seine Arbeit schon einige Zeit vorher aufgenommen. Ein eigenes Haus bewohnten sie nun wieder, wenn es auch nur die Hälfte eines Doppelhauses war, und wie in Forchtenberg pachtete die Mutter wieder einen Garten. Zur Mädchenoberrealschule ging Sophie Scholl zusammen mit ihren Schwestern Inge und Elisabeth, die beiden Brüder besuchten die Oberrealschule für Jungen.

Auch Ulm rangierte als Garnisonsstadt, vor dem Ersten Weltkrieg waren 10 000 Soldaten in der insgesamt 60 000 Einwohner zählenden Stadt stationiert. Die Truppenreduzierung durch den Versailler Vertrag konnte man auch hier deutlich spüren, die Militärpräsenz war auf weniger als 2000 Soldaten reduziert worden. Das hatte für die Bevölkerung wirtschaftliche Folgen, daher hofften viele auf eine Wiederbelebung des Militärs. So erklärt sich der hohe Stimmenanteil, den die Nationalsozialisten in Ulm erhielten, so dass man Ende der Zwanzigerjahre von einer »Hochburg der Bewegung« sprach.

Auch wenn sich viele Firmen und Betriebe in der Stadt ansiedelten, die Armut war erdrückend. Die Regierung versuchte, mit einen rigiden Sparprogramm die Schuldenlast zu reduzieren, aber das verschärfte die sozialen Spannungen einmal mehr. Straßenkämpfe zwischen Nationalsozialisten und Kommunisten erlebten die Geschwister auch in Ulm. Es ist nur zu verständlich, dass sich die Menschen nach einem Ende der Wirtschaftskrise sehnten wie auch nach Sicherheit. In Adolf Hitler sahen sie geradezu den Retter, einen von Gott gesandten Erlöser.

Am 30. Januar 1933 hatte Hitler sein Ziel erreicht, er wurde zum Reichskanzler ernannt. In Berlin feierten ihn seine Anhänger mit einem Fackelzug. An diesem Abend marschierten die SA-Männer auch durch Ulm, für manche war es eine Vorahnung des Zukünftigen. Mit einer radikalen und meist auch brutalen Konsequenz bauten die Nationalsozialisten in kürzester Zeit Deutschland um. Das Parlament wurde aufgelöst, der Reichstag brannte ab. Als Schuldige waren die Kommunisten schnell ausgemacht. Wichtige Grundrechte wurden aufgehoben. In diesen Zeiten des Notstandes, so wurde argumentiert, müsse hart durchgegriffen werden. Politische Gegner kamen in »Schutzhaft« oder verschwanden einfach. Zwar erhielt die NSDAP auch bei der nächsten Wahl am 5. März 1933 nicht die Mehrheit, aber sie war an der Regierung. Und beim berühmt-berüchtigen »Tag von Potsdam« am 21. März 1933 inszenierte sich Hitler als treuer Wahrer preußischer Werte, in Demutsgeste verneigte er sich vor dem Reichspräsident von Hindenburg. So versuchte er, die Skeptiker zu beruhigen, es gelang ihm – zum Teil. Robert Scholl, der sich als Pazifist von dem Militarismus der neuen Machthaber abgestoßen fühlte, hatte gute Gründe, Hitler zu misstrauen. Ihm entging nicht, wie immer mehr Rechte ausgehebelt wurden.

Sophie Scholl war elf Jahre alt, als sie mit ihren Klassenkameradinnen auf dem mit Fahnen geschmückten Münsterplatz stand. Auch in Ulm wurde der »Tag von Potsdam« begangen. Die SA und SS marschierten auf wie auch Jugendverbände. Über den Platz hallte die Predigt: »Deutsche Christen! Stürme brausen durchs deutsche Volk ... wie das Wehen eines herrlichen Geistes ...« Inge Scholl notierte in ihr Tagebuch: »In der Religion trat heute Stadtpfarrer Oehler sehr für Hitler ein. Er nannte den 21. März ein wunderbares Ereignis. Dass das deutsche Volk sich so geeignet hatte.« Sie begrüßte die Machtergreifung der Nazis leidenschaftlich: »Ich glaube, dass sich im ganzen Volk eine furchtbare Spannung gelöst hat«, notierte sie in ihr Tagebuch. Und einige Seiten später heißt es: »Abends prima Fackelzug, beinahe eine halbe Stunde lang.« Freiwillig hielt sie ein Referat über Hitler und schwärmte: »Das ist sooo herrlich, wenn man sich so öffentlich zu diesem großen Mann bekennen darf.« Die Klasse war begeistert.

Als Inge Scholl dann erklärte, zu der Organisation der Nationalsozialisten für Mädchen zu gehen, dem Bund Deutscher Mädel (BDM), kassierte sie vom Vater eine Ohrfeige, und auch mit der Mutter verstand sie sich nun gar nicht mehr gut. Ihr Bruder Hans aber, der verstand sie. Sammelte sie in der Klasse für ein Hitlerporträt, so hängte er in seinem Zimmer eine Zeichnung von Adolf Hitler auf. Der Vater nahm das Bild jeden Tag ab, und der Sohn brachte es dann wieder an der Wand an. Zwischen beiden kam es immer wieder zu einem lautstarken Streit, und die Schwester kommentierte es auf ihre Weise, wenn sie auf dem Klavier so laut spielte, dass es durch die ganze Wohnung hallte: »... das Vaterland muss aus dem Leid genesen, weil Du uns führst ... Ein Adolf Hitler wird die Wege bahnen.« Die Schwester Elisabeth bemerkte lakonisch: »Er ist zu alt! Das versteht er nicht mehr.«

Die Nationalsozialisten haben geschickt die Zeit der Pubertät ausgenutzt, den Konflikt zwischen den Generationen befördert und versucht, die Jugend auf ihre Seite zu ziehen. Später hat Hitler ganz unverblümt seine Absicht beschrieben: »Diese Jugend lernt ja nichts anderes als deutsch denken, deutsch handeln, und wenn diese Knaben mit zehn Jahren in unsere Organisation hineinkommen und dort oft zum ersten Mal überhaupt eine frische Luft bekommen und fühlen, dann kommen sie vier Jahre später vom Jungvolk in die Hitler-Jugend, und dort behalten wir sie wieder vier

Jahre. Und dann geben wir sie erst recht nicht zurück in die Hände unserer alten Klassen- und Standeserzeuger, sondern dann nehmen wir sie sofort in die Partei, in die Arbeitsfront, in die SA oder in die SS ... und sie werden nicht mehr frei ihr ganzes Leben ...« (Rede in Reichenberg am 2. Dezember 1938).

In den Anfängen war die Hitlerjugend eine Jugendorganisation unter vielen. Hans Scholl war Mitglied im »Christlichen Verein Junger Männer« (CVJM), der weltweiten evangelischen Jugendvereinigung; der jüngere Bruder Werner gehörte zur »Bündischen Jugend«. Bündische Jugend nennt man die in Deutschland aus dem »Wandervogel« hervorgegangene Jugendbewegung in ihrer zweiten Phase nach dem Ersten Weltkrieg. In der Kaiserzeit entstanden zahlreiche, zum Teil ganz unterschiedliche Gruppen, von denen die Wandervogelbewegung wohl die bekannteste wurde. Vaterländische Gesinnung war ihnen wichtig und ein starkes Gemeinschaftsgefühl. Meistens waren es reine Jungengruppen, gemeinsame Lieder spielten bei ihnen eine große Rolle. Und diese lernten auch die Schwestern Inge, Elisabeth und Sophie kennen.

Die Hitlerjugend (HJ) entstand zunächst als eine Jugendgruppe der SA, das war die paramilitärische Kampfgruppe der NSDAP. Sie nahm an Straßenkämpfen teil und trug anfangs auch die Uniform der SA. Später organisierte sie auch Ausflüge und Fahrten und traf sich zu Heimabenden. In dieser Anfangszeit bildeten

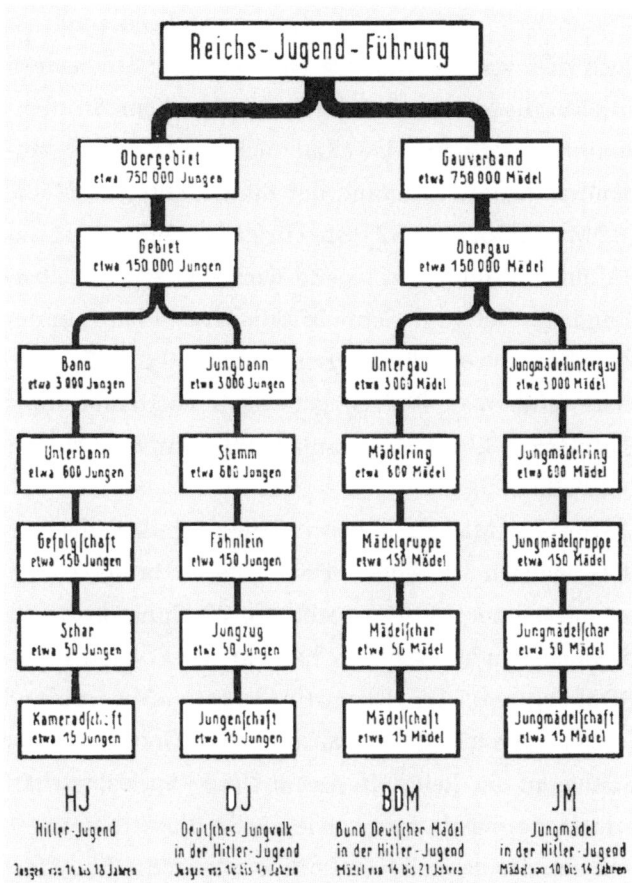

Reichs-Jugend-Führung			
Obergebiet etwa 750 000 Jungen		**Gauverband** etwa 750 000 Mädel	
Gebiet etwa 150 000 Jungen		**Obergau** etwa 150 000 Mädel	
Bann etwa 3 000 Jungen	**Jungbann** etwa 3 000 Jungen	**Untergau** etwa 3 000 Mädel	**Jungmädeluntergau** etwa 3 000 Mädel
Unterbann etwa 600 Jungen	**Stamm** etwa 600 Jungen	**Mädelring** etwa 600 Mädel	**Jungmädelring** etwa 600 Mädel
Gefolgschaft etwa 150 Jungen	**Fähnlein** etwa 150 Jungen	**Mädelgruppe** etwa 150 Mädel	**Jungmädelgruppe** etwa 150 Mädel
Schar etwa 50 Jungen	**Jungzug** etwa 50 Jungen	**Mädelschar** etwa 50 Mädel	**Jungmädelschar** etwa 50 Mädel
Kameradschaft etwa 15 Jungen	**Jungenschaft** etwa 15 Jungen	**Mädelschaft** etwa 15 Mädel	**Jungmädelschaft** etwa 15 Mädel
HJ Hitler-Jugend Jungen von 14 bis 18 Jahren	**DJ** Deutsches Jungvolk in der Hitler-Jugend Jungen von 10 bis 14 Jahren	**BDM** Bund Deutscher Mädel in der Hitler-Jugend Mädel von 14 bis 21 Jahren	**JM** Jungmädel in der Hitler-Jugend Mädel von 10 bis 14 Jahren

Diese Übersicht aus dem BDM-Jahrbuch von 1937 zeigt den Aufbau der Hitlerjugend. Die Mädchengruppen waren unterteilt in »Jungmädel« (JM – 10 bis 14 Jahre) und »Bund Deutscher Mädel« (BDM – 14 bis 21 Jahre). »Jugend führt Jugend« war die Devise der Nationalsozialisten. Der »Dienst« war ehrenamtlich, lediglich auf der obersten Ebene gab es Angestellte. Grundsätzlich waren Jungen- und Mädchengruppen unabhängig, lediglich die größeren Aktionen auf Reichsebene wurden von den Jungen geleitet und von den Mädchen mitorganisiert.

sich auch die »Schwesternschaften« und war zunächst auch das, was ihr Name vermuten lässt: Schwestern von Mitgliedern der HJ, die ihre Brüder beim Straßenkampf versorgten, bisweilen auch ersthelferisch verbanden. Daraus entstand der Bund Deutscher Mädel (BDM). Im März 1932 löste Hitler die Verbindung zur SA auf und die Hitlerjugend wurde zu einem selbstständigen Verband. Seine Mitgliederzahl hatte in der Zwischenzeit deutlich zugenommen. 80 000 Jugendliche nahmen am Reichsjugendtag in Potsdam Anfang Oktober 1932 teil. Im Januar 1933 waren es bereits über 100 000.

Am 20. Mai 1933 konnte Inge Scholl endlich in ihr Tagebuch schreiben: »Hans ist jetzt in der Hitlerjugend.« Einen Monat später, am 20. Juni, durfte sie dann verkünden: »Mutter hat mir die Erlaubnis zum BDM gegeben.« Ihr Bekenntnis lautete: »Mit Leib und Seele gehöre ich Hitler. Natürlich nach Gott.« Nun war Sophie an der Reihe. In einem Ulmer Spezialgeschäft erhielt sie die Uniform: eine weiße Bluse mit langen Ärmeln, der dunkelblaue Rock wurde an der Bluse fest geknöpft, dazu gehörten braune Halbschuhe. Für den Winter gab es eine hellbraune »Kletterweste« und ein schwarzes Barett.

Am 20. April 1934, Hitlers Geburtstag, kam der feierliche Moment der Aufnahme. Im Schein der Fackel kamen die Mädchen auf der Ulmer Gänsewiese zusammen und sprachen das Gelöbnis: »Jungmädel wollen wir sein. / Klare Augen wollen wir haben / Und tätige Hände. / Stark und stolz wollen wir werden: / Zu gerade, um Streber und Duckmäuser zu sein, / zu aufrichtig, um etwas scheinen zu wollen, / zu gläubig, um zu zagen und zu zweifeln, / zu ehrlich, um zu schmeicheln, / zu trotzig, um feige zu sein.« Dann erhielt Sophie ein schwarzes Halstuch, das in einem braunen Lederknoten vor der Brust zusammengezogen wurde. Nun war sie in die Jungmädelschaft aufgenommen.

Die Pfarrerstocher Susanne Hirzel wurde dort zu ihrer Freundin. Sie charakterisierte sie später einmal, wie folgt: »Sie war wie ein feuriger Junge, trug die dunkelbraunen glatten Haare im Herrenschnitt und hatte mit Vorliebe eine blaue Freischarbluse oder eine Winterbluse ihres Bruders an. Sie war lebhaft, keck, mit heller Stimme, kühn in unseren wilden Spielen u. von einer göttlichen Schlamperei.« (Brief an Ricarda Huch vom 14. August 1946) Und sie betonte ihre Fröhlichkeit: »... die war einfach lustig, sehr lustig und so in der Pubertät, möglichst ohne Kamm leben, und eine wilde Zeit war das, als Begrüßung ist man sich nur mit allen fünf Fingern durch die Haare gefahren.« Gemeinsam unternahmen sie mit anderen Fahrten »aus dem Bedürfnis nach Freiheit, auf der Suche nach dem wirklichen Leben, um durchdrungen, durchrüttelt, durchleuchtet zu werden.« Sie kletterten auf die höchsten Tannen und schaukelten in den Wipfeln, sie schwammen dort, wo die Wellen am stärksten waren, so groß war ihre Sehnsucht nach Leben, so stark war ihr Wunsch, tief in die Natur einzutauchen und das Leben zu spüren.

In Charlotte Thurau, von allen nur Charlo genannt, hatte Sophie ihr Vorbild gefunden. Sie war die Führerin ihrer Gruppe und zog mit den Mädchen in die Natur. Sie machten wilde Spiele, unternahmen Ringkämpfe und rauften, sogar mit Kleinkalibergewehren schossen sie. Sport und Spiel wechselten sich ab, aber es ging auch um Kunst und Literatur. Den Eltern gefiel es nicht, sie machten sich Sorgen um ihre Töchter. Allerdings hatte die BDM-Reichsreferentin andere Ziele vorgegeben: »Wir wollen keine Mädel erziehen, die sich romantischen Träumereien hingeben, die nur etwas malen, singen und tanzen können oder das Leben einseitig verzerrt sehen – sondern Mädel, die fest in der Wirklichkeit stehen und bereit sind, sich für Ideale praktisch bis zum Letzten einzusetzen und Opfer dafür zu bringen. Unsere Jungmädel nehmen gemeinsam mit ihren Kameraden vom Jungvolk den Kampf auf gegen Hunger und Kälte.« Eine von den Ulmer Jungmädeln hat es ganz einfach ausgedrückt: »Wir wollten sein wie die Buben!«

Mit den immer weiter steigenden Mitgliederzahlen wurde auch der Bedarf an Führerinnen immer größer. Hans und Inge Scholl übernahmen bald immer mehr Verantwortung in der Hitlerjugend, sie stiegen in der Karriereleiter immer weiter nach oben. 1935 war Inge Scholl als Ringführerin für etwa 540 Mädchen verantwortlich, ferner oblag ihr auch die Ausbildung der Führerinnen in den Jungmädelgruppen. Charlotte Thurnau war häufig bei den Scholls zu Besuch, und dann saßen sie zusammen, planten und bereiteten Aktionen vor. Magdalene Scholl wird das nicht behagt haben, es wird auch manche Diskussion gegeben haben. Trotz alledem, sie versorgte die Mädchen mit Tee und Gebäck.

Im Mai 1935 wurde Sophie Scholl Jungmädelschaftführerin und somit für 10 bis 15 Mädchen zuständig. In der Woche fuhr sie die acht Kilometer mit dem Fahrrad nach Ulm-Söflingen. Selbst im Winter trug sie nur Socken, was eigentlich nicht erlaubt war. Eva Amann gehörte zu ihrer Gruppe und erinnerte sich:

»Sophie war damals sehr begeistert, sehr fanatisch für den Nationalsozialismus. Aber mit einem Schuss bündischer Jugend.« Bei den Ausflügen hatten die Mädchen das Geld abzugeben und es wurde für alle Sprudel gekauft. Den Proviant ließ sie einsammeln, er wurde auf ein Tuch gelegt und jeder durfte mit verbundenen Augen etwas herausangeln. Diese Form des »Kommunismus« missbehagte den Söflinger Eltern und sie beschwerten sich: »... wir geben jetzt unserem Mädchen fünf Mark mit und ein Wurstbrot und jetzt hat sie dann überhaupt nichts, und es wird alles verteilt.«

Die fünfzehnjährige Sophie Scholl hat das nicht angefochten, ihre Mädchen haben sie gemocht. Die Schwester Inge besaß wohl das größere Organisationstalent, und auch sie konnte ihre Mädels begeistern. Sie sammelten Holz und saßen am Lagerfeuer im Wald, So-

Zeitlager des BDM

phie spielte auf ihrer Gitarre oder erzählte Geschichten.
Die Eltern hätten es lieber gesehen, wenn ihre Kinder
geschlafen hätten, aber den Mädchen gefiel es. »Sophie
war also«, urteilt Eva Amann, »sehr romantisch und ide-
alistisch auch und auch fanatisch. Schon ein Außensei-
ter, kann man sagen. Bei den anderen Führerinnen, die
wir hatten, hat man so etwas nicht gemacht.«

»... mit einem Schuss bündischer Jugend«: Viele Füh-
rer/innen kamen aus der Bündischen Jugend, sie konnten ihr Wissen und ihre Erfahrung in die Hitlerjugend
einbringen. Sie verstanden es, Fahrten zu organisieren
und auch Geländespiele, sie waren im Sport geübt und
brachten ihr Liedgut mit, aber sie beschäftigten sich auch
mit Kunst und Literatur. Sie plapperten nicht Parolen
nach, sondern diskutierten auch. Sie fühlten sich als Elite. Diese Einstellung brachte Charlotte Thurau mit in die
Gruppe und sie wurde auch von den Geschwistern Scholl

geteilt. Die Freundin Susanne Hirzel schreibt: »Da sehe ich Sofie, am Feuer sitzen und im jagenden Rhythmus, atemlos, in begeisterter Hingabe Rilkes ›Cornet‹ vorlesen. Die Worte flogen ihr nur so vom Munde weg, durch u. durch lebendig, erfüllt – sie war ganz Werkzeug.« Rilkes »Cornet«, in einem schmalen Band der ›Inselbücherei‹ 1912 erschienen, unzählige Male verkauft, in die Tornister der Soldaten gepackt und auf den Schlachtfeldern verbrannt – die Erzählung vom jungen Fahnenträger, diese Geschichte von Liebe und Tod, von Leidenschaft und Sehnsucht, von Rittertum und Ehre.

»Reiten, reiten, reiten, durch den Tag, durch die Nacht, durch den Tag. Reiten, reiten, reiten. Und der Mut ist so müde geworden und die Sehnsucht so groß.« Am Ende stirbt der junge Held im Kampf um eine Fahne, es ist eine Verklärung des Todes. Der Verherrlichung des Heldentodes haben sich auch die Nationalsozialisten bedient. 1936 wird Sophie noch einmal einen Eid ablegen und sagen, dass Gott sie fest und grad will. »Dass wir den Schwur nicht brechen, dass wir im Tod noch treu des Führers Namen sprechen.« Wie oft wird sie das Lied von Baldur von Schirach, Reichsjugendführer, gesungen haben, das zur Hymne der HJ wurde: »Uns're Fahne flattert uns voran, / Uns're Fahne ist die neue Zeit. / Und die Fahne führt uns in die Ewigkeit! / Ja die Fahne ist mehr als der Tod!«

Die Jugend wurde auf Hitler eingeschworen und auf die nationalsozialistische Ideologie.

Die wöchentlichen Heimnachmittage und Heimabende waren Pflicht, da wurde gebastelt, genäht und
gestrickt, aber auch Theater gespielt. In den Schulungs-
abenden standen der »Kampf um Deutschland« auf
dem Programm und Hitlers Leben, aber auch die Rassenlehre und die Rassenhygiene.

Die Ziele des Nationalsozialismus befanden sich im
krassen Gegensatz zu den Werten, die von den Eltern
Robert und Magdalene Scholl hochgehalten wurden.
Am 15. Juli 1933 fand auch im Ulm wie einige Wochen
zuvor in Berlin eine Bücherverbrennung statt, und da
der Ort keine Universität hatte, war hier auch die Hitlerjugend an der Verbrennung beteiligt. Inge Scholl
schrieb dazu in ihrem Tagebuch: »Alle Schund- und
nicht deutsche Schriften und Fahnen wurden auf einen
Haufen gebracht und verbrannt. Wie lustig das Feuer
prasselte.« Unter den Büchern fanden sich unter ande-
rem auch Werke von Heinrich Heine und Stefan Zweig –
Autoren, die in der Familie in hohem Ansehen standen.
Heinrich Heine soll Sophie Scholl später einmal bei einer BDM-Führerinnenbesprechung zur Lektüre beim
Heimabend vorgeschlagen haben. Als Heine als jüdischer Dichter abgelehnt wurde, soll sie gesagt haben:
»Wer Heinrich Heine nicht kennt, kennt die deutsche
Literatur nicht.« Sie kann nicht verstehen, dass die jüdische Schülerin Luise Nathan nicht Mitglied der Jungmädelschaft werden kann. Es gab für sie keinen Grund,
die Mitschülerin auszugrenzen. Der Kontakt der Fami-

lie zu ihrem jüdischen Vermieter Jakob Guggenheimer war freundlich, wenn nicht gar herzlich. Ihr Vater hatte eine Reihe jüdischer Klienten, die er warnte und denen er empfahl, Deutschland zu verlassen. Sie befolgten seinen Rat.

Nicht zu übersehen war der Aufruf zum Boykott jüdischer Geschäfte. Fast täglich ging sie an dem Kaufhaus »Wohlwert-Volksbedarf« vorbei, auf den die Nationalsozialisten »Jude – hier kauft kein Deutscher« geschmiert hatten. Von den immer neuen Gesetzen und Maßnahmen gegen die jüdische Bevölkerung wurde in Medien berichtet. Heimat, Treue und Gemeinschaft waren auch für sie wichtige Werte. Gleichzeitig musste sie erleben, wie immer mehr Menschen von dieser Gemeinschaft ausgeschlossen wurden. Am Rand der Stadt wurde bereits im März 1933 das Konzentrationslager Heuberg errichtet, das bald schon nicht mehr ausreichte. Noch im selben Jahr wurde das KZ Oberer Kuhberg eröffnet. Zur Abschreckung führte die Polizei an manchen Tagen die Gefangenen in Ketten durch die Stadt. Alle diese Maßnahmen sorgten mit Sicherheit für Diskussionen am Esstisch. Hat Sophie das alles ausblenden können? Die Freundin Susanne Hirzel meinte rückblickend: »Seien wir ehrlich, die meisten ließen die markigen Sprüche über sich ergehen; wichtig waren das herrliche große Feuer, die Kälte, der weite Himmel und die Gemeinschaft.« Wie ihre Geschwister blieb Sophie bei der Hitlerjugend,

Sophie Scholl in BDM-Uniform um 1935

sie wird sogar zur Gruppenführerin ernannt und betreut nun 120 Mädchen. Ständig ist sie im Einsatz, die wöchentlichen Treffen in den Heimabenden, Ausflüge und Fahrten, Vorbereitungen und Schulungen. Die Wochen sind aufgeteilt, das Jahr ist gegliedert, ständiges Exerzieren und Marschieren zu Hitlers Geburtstag, zum Tag der Arbeit, zum Stadtjugendtag, zur Sonnwendfeier, oder wenn Parteiprominente nach Ulm kamen, die Mädchen hatten in Reih und Glied aufzutreten. Nicht zu vergessen waren die Sammelaktionen für das Winterhilfswerk und andere Aufgaben. Für die Schule blieb da immer weniger Zeit. Man sieht es an den Zeugnissen, die immer wieder anmerkten, dass Sophie in ihren Leistungen nachlasse.

Dies war letztlich die Absicht der Nationalsozialisten: Die vollständige Beanspruchung sollte keine Zeit zum kritischen Denken lassen. Auch in der Schule hielt die Ideologie Einzug, sie bestimmte den Lehrplan in vielen Fächern, und die Rassenlehre gehörte nun fest zum Unterricht. Einigen Lehrerinnen und Lehrern gelang es, mit Mut und Geschick auch andere Themen zu behandeln und dabei auch eine gewisse Distanz zu bewahren. Sophie Scholl verehrte ausgerechnet die Biologielehrerin Dr. Else Frieß. Letztere sprach sehr nüchtern über die Mendelsche Vererbungslehre und hatte daneben viel Verständnis für ihre Schülerin. Dass Sophie später neben Philosophie auch Biologie studieren wird, liegt sicherlich auch an dem Vorbild dieser Lehrerin.

5. Kapitel
... als gäbe es nur diesen Augenblick

Das Innere der Pauluskirche in Ulm in den 30er-Jahren

Am Sonntag Palmarum, dem 21. März 1937, wurde Sophie Scholl zusammen mit ihrem jüngeren Bruder Werner in der Ulmer Pauluskirche von Pfarrer Gustav Oehler konfirmiert. Zwei Jahre zuvor hatte er bereits die älteren Geschwister Inge und Hans eingesegnet. Sophie wird es kaum anders gegangen sein wie ihrer Schwester. Diese freute sich auf den Konfirmandenunterricht und schwärmte geradezu von ihrem Pfarrer. In ihrem Tagebuch notierte sie: »Habe ihn furchtbar gern.« Er verstand es, durch sein freundliches, wohlwollendes Auftreten 30er-Jahrendlichen für sich zu gewinnen. Oehler stammte aus einer Basler Missionsfamilie, die ihn in seiner tiefen Frömmigkeit, aber auch seiner Weltoffenheit prägte. Seine Vorgesetzten bezeichneten ihn als einen »Prediger von nicht gewöhnlicher Begabung und Anziehungskraft«. Ihm war es wichtig, den Menschen den Weg zu zeigen, wie das biblische Wort im Alltag zur Wirkung kommen könne.

In dem kleinen Konfirmationsbüchlein von 1908, das dem Unterricht zugrunde lag, wurden in 66 Antworten auf Fragen des Glaubens die Hauptaussagen der evangelischen Lehre entfaltet. Gleich zu Beginn, in der zweiten Antwort, wird den Konfirmandinnen und Konfirmanden eingeschärft, dass nur die in das Himmelreich kommen, »die den Willen tun meines Vaters im Himmel«. Und um dem noch Nachdruck zu verleihen, heißt das Bekenntnis auf die dritte Frage »Wer bist du denn?«, knapp und eindeutig: »Ich bin ein Christ.« Mit der Wachheit und der Nachdenklichkeit, mit der Sophie Scholl die Umwelt, aber ebenso sich selbst wahrnahm, wird sie auch bei der Antwort zur 20. Frage innegehalten haben, als sie dort las: »Wer da weiß Gutes zu tun und tut's nicht, dem ist es Sünde.« (Jakobus 4,17) Wie viele andere in der Konfirmandengruppe trug sie am Tag der Konfirmation die HJ-Uniform, beides gehörte für sie zusammen und zu beidem bekannte sie sich. Gradlinig wollte sie sein im Glauben wie im Handeln.

Zum Geburtstag hatte Sophie Scholl ein Tagebuch aus kariertem Stoff bekommen, in das sie ihre Gedanken und Empfindungen, ihre Pläne und Wünsche eintrug. Es dokumentiert ihre innere Entwicklung, die bisweilen abrupten Stimmungsschwankungen, die unablässige Suche nach sich selbst, das Ringen um Klarheit und Wahrheit.

Unter dem Datum vom 28. Mai 1937 findet sich der erste Eintrag: »Es ist herrliches Wetter, jeden Tag baden wir in der Iller, die sehr kalt ist.« Mit ihrer älteren Schwester Inge ging sie schwimmen, aber ebenso auch mit ihrer Freundin Susanne Hirzel. Mit ihr verstand sie sich besonders gut. »Wir saßen in einer hohen Wiese, von außen konnte man uns nicht sehen vor Gras und Margeriten.« Wenn es dunkelte und sie allein waren, dann gingen sie auch mal so ins Wasser. »Wir badeten ohne Anzug. Das ist was ganz anderes. Jeden Sprudel spürt man. Es ist herrlich und wir konnten uns beinahe nicht trennen.«

Die Schule fand sie grässlich. »Ich will mich nicht immer bilden. Ich will mich ab und zu austoben.« Sie freute sich auf die Fahrt mit ihren Mädels, aufs Wandern, am Feuer sitzen und in Zelten schlafen. Ohne all das, so fand sie, komme sie nicht aus. Zu den Mitschülerinnen hielt sie Distanz, die Ulmer waren für sie Spießer, die eigene Familie natürlich ausgenommen, wie sie ausdrücklich hinzufügte. Mit dem Vater kam es hin und wieder zu Konflikten. Er schrie sie an, wenn sie pfiff, »überhaupt meistens«. Zu der Mutter schien die Beziehung ungetrübt zu sein. Sophie war weiterhin ihr »Sonnenschein«. Überhaupt blieb ihre Familie der feste Grund ihres Lebens. Sie wusste, dass sie sich gerade im »Wellental ihres Lebens« befand und räumte ein: »Meine Nerven sind ziemlich überreizt, wegen jedem Quack möchte ich losheulen.« Ein »unsinniges« Heimweh spürte sie. Am liebsten wäre es ihr, wenn sie noch einmal umziehen würden in eine andere Stadt, damit sie andere Menschen kennen lernen könnte. Seufzend schrieb sie: »Herrgott, ich warte Tag für Tag auf etwas.«

Sie prüfte sich immer wieder selbst und wollte auf keinen Fall selbst spießig werden. Sie nahm sich das Versprechen ab: »Ich will nicht oberflächlich werden.« Sie wolle jeden »Augenblick leben, als gäbe es nur diesen Augenblick«.

Die Schule gehörte indes nicht zu diesen Augenblicken. Eine ihrer Lehrerinnen erinnerte sich, wie Sophie in der zweitletzten Bank saß oder besser lag. Sie wirkte gelangweilt, abwesend, der »Haarwisch« war ihr ins Gesicht gefallen. Die Schule lief für Sophie wie ein Film ab, in dem sie einer unbeteiligten Beobachterin glich. Allerdings –, wenn sie angesprochen wurde, war sie präsent und hellwach. Und ihre Antwort zeigte, dass sie die ganze Zeit zugehört hatte. Es war Dr. Else Fries, die sich so über ihre Schülerin äußerte. Sophie verehrte diese Lehrerin, wie gesagt, und es verging kein Wochenende, an dem sie ihr nicht einen Blumenstrauß vom Feld nach

Hause brachte. Im Unterricht sezierten sie auch Fische und Sophie Scholl kam darüber fast ins Schwärmen, wie wunderbar die Organe im Körper des Tieres geordnet seien.

Eine Liebeserklärung an die Natur ist ihre Beschreibung einer Wiese, die sie mit 18 Jahren verfasste:

»Ich liege ganz ruhig im Gras, mit ausgestreckten Armen und angezogenen Beinen, und bin glücklich. Durch die blühenden Zweige eines Apfelbaumes sehe ich den blauen Vorsommerhimmel über mir, freundliche weiße Wolkengebilde schwimmen sachte durch mein Blickfeld.

Um mich herum empfinde ich all das Sprießen; ich freue mich an den Wiesenkerbelstauden, auf denen winzige schwarze Käferchen wohnen, an den rotgetönten Sauerampfern, an den schlanken Gräsern, die sich leise nach Osten neigen. Wenn ich meinen Kopf wende, berührt er den rauhen Stamm eines Apfelbaums neben mir. Wie beschützend er seine guten Äste über mir ausbreitet! Spüre ich nicht, wie unaufhörlich Säfte aus seinen Wurzeln steigen, um auch das kleinste Blättchen sorgend zu erhalten? Höre ich vielleicht einen geheimen Pulsschlag? Ich drücke mein Gesicht an seine dunkle, warme Rinde und denke: Heimat, und ich bin so unsäglich dankbar in diesem Augenblick.«

Sophie Scholl ca. 1940

Das Herbstzeugnis 1937 fiel im Ganzen recht gut aus. In fünf Fächern schnitt sie mit gut ab, in Physik bekam sie ein befriedigend und in Mathematik lediglich ein ausreichend. Ihr wurde ein selbstständiges Urteil bescheinigt, aber sie interessiere sich nur für die Fächer, die ihr lägen. Fleiß und Aufmerksamkeit wünsche man sich für alle Gebiete. »Sie sollte gleichmäßiger arbeiten.« Allerdings schnitt sie in Zeichnen mit sehr gut ab und das war nun ein Fach, für das sie sich sehr interessierte und dem sie sich mit großem Fleiß und Aufmerksamkeit widmete. Für ihre Schwester Inge illustrierte sie zwei Märchen und auch ein Selbstporträt ist aus dieser Zeit erhalten. Im Oktober notierte sie in ihr Tagebuch, dass sie Malerin werden wolle. In den Ferien werde sie deshalb auf die obligatorische HJ-Fahrt verzichten und stattdessen in München die Kunstausstellung besichtigen.

Genau genommen waren es zwei Ausstellungen: Im »Haus der deutschen Kunst« wurde in einem großen Festakt von Adolf Hitler die »Erste Große Deutsche Kunstausstellung« eröffnet. Er wollte wieder eine »deutsche Kunst« haben und kündigte einen unerbittlichen Säuberungskrieg an, das nichts anderes als die Vernichtung der modernen Kunst bedeutete. Und was er darunter verstand, wurde in dem Pavillon unter dem Thema »Entartete Kunst« in einer lieblosen Zusammenstellung mit diffamierenden Kommentaren gezeigt. 650 Bilder von 120 Malern waren dicht aneinander und ungeordnet aufgehängt. Darunter befanden sich alle großen Namen der deutschen wie internationalen Kunst der Moderne von Vincent van Gogh und Marc Chagall bis hin zu Käthe Kollwitz und Paul Klee. Adolf Ziegler, Präsident der Reichskammer der bildenden Künste, bereitete die Besucherinnen und Besucher auf das vor, was sie erwarten würde: »Sie sehen

Selbstporträt

um uns herum diese Ausgeburten des Wahnsinns, der Frechheit, des Nichtkönnertums und der Entartung. Uns allen verursacht das, was diese Schau bietet, Erschütterung und Ekel.« Aber es half nichts, durch die Hallen der »Großen Deutschen Kunstausstellung« wandelten mehrere Hunderttausende, durch die Räume mit der »Entarteten Kunst« gingen aber mehr als zwei Millionen Kunstinteressierte, wohl wissend, dass sie diese Meisterwerke wohl nie mehr zu sehen bekommen werden. Zu den »entarteten« Künstlerinnen wurde auch Paula Modersohn-Becker gezählt, die Sophie Scholl gerade für sich entdeckt hatte. Sie sammelte Kunstpostkarten von ihr. In welche Ausstellung sie gehen wollte, war damit auch entschieden. Ob sie dann tatsächlich nach München fuhr, ist nicht bekannt. Sie hat die Fahrt nicht weiter erwähnt.

Auch in Ulm wurden 1937 Bilder moderner Künstler beschlagnahmt. Es ging zum einen um Maler, deren

Werke in München als »entartet« ausgestellt wurden wie Emil Nolde oder Oskar Kokoschka, aber auch Werke einheimischer Künstler, darunter zahlreiche Gemälde und Zeichnungen von Wilhelm Geyer sowie eine Lithographie von Albert Kley. Besonders mit der Familie Geyer waren die Scholls freundschaftlich verbunden. Angriffe gegen die moderne Kunst gab es bereits 1933. In einem Artikel des Ulmer Tageblatts vom 17. August 1933 wurden diese Bilder abgelehnt, »weil ihre Art deutschem Wesen und Empfinden, ja einer tiefen, innerlichen Kunstauffassung überhaupt ins Gesicht schlägt«. Was sich da unheilvoll ankündigte, wurde im Mai 1937 konsequent umgesetzt.

Indes fanden die »Säuberungsaktionen« der Nationalsozialisten nicht nur draußen vor der Tür statt, es traf auch die Jugendlichen, die neben der HJ noch mit der Bündischen Jugend verbunden waren. An einem ganz normalen Novembertag, morgens in der Frühe, klingelten zwei Gestapobeamten bei Scholls an der Tür. Sie erklärten der verblüfften Magdalene Scholl, dass sie eine Hausdurchsuchung vornehmen würden. Die Mutter reagierte geistesgegenwärtig, sie griff zu einem Korb, um zum Bäcker zu gehen, stieg aber stattdessen ins Dachgeschoss, wo Hans und Werner ihr gemeinsames Zimmer hatten. Alles, von dem sie meinte, das könnte verdächtig wirken, packte sie ein und ging damit zu Nachbarin, wo sie die Papiere ihrer Kinder deponierte. Dann kam sie scheinbar unbekümmert zurück.

Die Gestapobeamten hatten in der Zwischenzeit die Zimmer der Mädchen durchforstet und waren dabei auf das grau-rote Liederbuch der Bündischen Jugend gestoßen sowie auf das Tagebuch von Elisabeth. Sie saß auf der Schaukel, die der Vater am Türrahmen befestigt hatte, während die Beamten laut aus ihren Aufzeichnungen lasen und sich amüsierten. Elisabeth Scholl schämte sich so, dass sie danach nie wieder Tagebuch führte.

Die Geschwister Inge und Werner wurden mit rund einem Dutzend Jugendlicher aus Ulm im Alter von zwölf bis siebzehn Jahren auf einem offenen Lastwagen nach Stuttgart ins Gefängnis gebracht. »Es war eine schreckliche Fahrt«, erinnerte sich Inge Scholl noch später. Im Schneegestöber ging es über die Schwäbische Alb. Im Verhör verhielten sie sich gänzlich ahnungslos, so wurden sie nach acht Tagen wieder entlassen. Ihre Mutter holte sie in Stuttgart ab und hatte in der Tasche Essen für sie eingepackt. So war sie eben. Dann fuhr sie mit ihren Kindern nach Hause.

Hans Scholl wurde am 13. Dezember 1937 in der Kaserne Bad Cannstatt verhaftet. Nach dem Abitur hatte er zunächst den Reichsarbeitsdienst beim Straßenbau in Göppingen abgeleistet und wurde danach zum Militärdienst eingezogen. Nun warf man ihm »bündische Umtriebe« vor und »homosexuelle Handlungen«.

Hans Scholl gehörte der »Deutschen Jugendschaft vom 1.11.« an, die sich nach ihrem Gründungstag, dem

1. November 1929 einfach »d.j.1.11.« nannte. Sie war aus der Bündischen Jugend hervorgegangen. Allerdings lehnte die »dj.1.11.« Wanderkleidung und Rucksäcke ab, vielmehr zogen die Jungen per Autostopp durch das Land, und ihre Ziele waren nicht in Süddeutschland, sondern in Skandinavien oder Sizilien. Literatur spielte bei ihnen eine wichtige Rolle. Gemeinsam entdeckten sie immer neue Bücher, lasen sich gegenseitig daraus vor und diskutierten darüber. Charakteristisch für sie waren die Kothen, d.h. Zelte, deren Form die »d.j.1.11.« von den finnischen Samen übernahm, sowie die blauen Hemden. Ihre Lieder sammelten sie in grau-roten Heften. Mädchen gehörten nicht zu der »dj.1.11.«, aber die Schwestern kannten die Lieder der Gruppe und hörten von den Fahrten. Sophie hatte eine Vorliebe für die blaue Jungenschaftsbluse ihres Bruders.

1933 wurden die bündischen Jugendgruppen verboten, die Nationalsozialisten duldeten neben der Hitlerjugend keine anderen Verbünde. Allerdings gingen viele Führer der Bündischen Jugend zur HJ und brachten dort ihre Erfahrungen, wie auch ihre Lieder und Riten ein. 1935 wurden die bündischen Rituale, Hefte und Fahnen verboten. Mit Hans Scholl kam auch Max von Neubeck zur Hitlerjugend, der sich viel überzeugter als Hans mit der HJ verband. Ostern 1936 kam es zu einem Konflikt zwischen beiden. Hans hatte mit seiner Gruppe eine eigene Fahne mit einem Fabeltier gestaltet und sich geweigert, sie gegen die Hakenkreuzfahne auszutauschen. Er wurde zwar als Fähnleinführer abgesetzt, blieb aber bei der HJ und sammelte einen »kleinen Kreis bester Kameraden« um sich, die sich »Trabanten« nannten. 1936 organisierten sie sogar eine verbotene Fahrt nach Finnland.

Im Spätherbst 1937 holten die Nationalsozialisten in ganz Deutschland zum Schlag aus. Hans kam in das Stuttgarter Untersuchungsgefängnis, als Soldat unterstand er der Militärgerichtsbarkeit. Schwerwiegender war die Anklage, dass er zwischen Januar 1935 und Herbst 1935 mit einem Jungen aus seiner Gruppe sexuelle »Unzucht« betrieben habe.

In dieser Zeit rückte die Familie eng zusammen. Ihre Losung für Zusammenhalt und Unbeugsamkeit war, wie gesagt, das Goethe-Wort »allen Gewalten zum Trotz sich erhalten«. Abends gingen sie zusammen spazieren und auf einem dieser gemeinsamen Wege sagte der Vater wütend: »Wenn die meinen Kindern etwas antun, gehe ich nach Berlin und knalle ihn nieder.«

Hans gab die Vorwürfe zu; die Fürsprache seines Vorgesetzten beim Militär und ein verständnisvoller Richter sorgten dafür, dass die Strafe milde ausfiel. Am 30. Dezember 1937 wurde er nach fünf Wochen Haft entlassen. Der Vater machte sich Vorwürfe, dass er ihm in den letzten Jahren nicht »Kamerad und Freund« gewesen war. Ihre Wege seien sie allzu sehr getrennt gegangen. Und der Sohn versprach: »Ich will alles wieder gut machen; wenn ich wieder frei bin, will ich arbeiten und nur arbeiten, damit Ihr wieder mit Stolz auf Euren Sohn sehen könnt ...« Und dann fügt er bedeutungsschwer hinzu, »etwas Großes zu werden für die Menschheit«.

Von den homosexuellen Handlungen, derer Hans auch angeklagt wurde und die er auch zugegeben hat, wussten in der Familie nur die Eltern, Werner und Inge. Ob etwas durchgesickert war, kann nicht mehr nachgewiesen werden. Sophie hatte davon vermutlich keine Kenntnis. Sie hielt die Strafe für Hans für »vollkommen ungerechtfertigt« wie im Übrigen auch die Strafe von Inge und Werner.

Sophie ging weiterhin zu den Versammlungen der HJ, wie auch ihre beiden Schwestern. Sie weiß, dass sie nun alle im Blick der Gestapo sind. Als sie und ihre Schwester Elisabeth einmal nach einem Tanzabend spät nach Hause kamen und läuteten, hielt sie der Vater im ersten Moment für die Gestapo und war erleichtert und froh, als er stattdessen seine Kinder sah. Und wie ist es zu verstehen, wenn Sophie ihrer Freundin Lisa Remppis schreibt: »Das ist recht, dass du so eifrig in den Dienst gehst. Ich werde es auch tun«? Sie alle waren gewarnt.

Die ersten Risse müssen aber schon vorher geschehen sein. Im August 1937 findet sich recht unvermittelt Sophies Bemerkung: »Von der H. J. habe ich mich ohne mein Wollen ganz gelöst. Ich habe nichts mehr zu geben, nichts mehr zu nehmen.«

6. Kapitel

Fritz Hartnagel kann ich prima leiden

Im November 1937 erhielt der Oberfähnrich Hartnagel
eine seltsame Einladung:

Lieber Fritz
Die Anneliese scheniert sich, deshalb schreibt die Sofie.
(in der Schule). Hiermit schickt Dir die Anneliese eine
Einladungskarte. Du kommst doch? Jetzt fehlt aber der
Lisl u. mir noch ein Mann. (kein Ehemann) Wenn Du
jemand nettes kennst, kannst Du ihn von der Anneliese
aus gern einladen. Andernfalls würden wir auch ohne
Männer auskommen. Ich lasse jetzt der Anneliese das
Wort.

Annelies bemerkt dazu: »Der Anfang von Sofer ist gar
nicht wahr«. Dann schreibt Sophie Scholl weiter:
Wir wollen nicht streiten deshalb hören wir auf, Annlis
weiß doch nichts Gescheites.
Mit deutschem Gruß (herzl. Gruß) Sofie Scholl

Und die Freundin setzt noch hinzu: Heil Hitler. Annelies
Im Spätsommer 1937 war Sophie Scholl mit den
Jungmädels im Böhmerwald, und dort verliebte sie sich
in einen Jungen aus Bottrop. Es gab einige flüchtige

63

und scheue Berührungen. Ihrem Tagebuch vertraute sie an: »Ich glaube, noch nie waren Menschen so gut um mich ... Und dann? Ach weiter nichts.« Sie werden sich nicht mehr wiedersehen.

Die Jungmädelgruppe wurde für Sophie immer unwichtiger, die 16-Jährige wollte sich austoben. Sie rauchte, trank und konnte richtig frech sein. Und obwohl sie keine Tanzschule besucht hatte, war sie eine leidenschaftliche und dazu auch gute Tänzerin. Ihre Schulfreundin Annlis Kammerer veranstaltete »Teekränzchen«. Die Eltern hatten es ihr erlaubt und weil sie ein Grammophon besaßen mit den dazugehörigen Schallplatten, konnte auch getanzt werden. Sophie liebte Tango und Foxtrott. Während die Nationalsozialisten den Volkstanz förderten, wurden im Hause Kammerer die verpönten amerikanischen Tänze aufgeführt mit allerlei akrobatischen Bewegungen. Man sprang in die Lüfte, ging in die Knie und spreizte die Beine.

Zu einem solchen »Tanzkränzchen« haben Annelies und Sophie den vier Jahre älteren Fritz Hartnagel eingeladen. Er galt ebenfalls als guter Tänzer, und weil er nicht gerade schüchtern war, nahm er diese doch eigentlich seltsame Einladung an. Sophie verliebte sich in den attraktiven Mann. In ihrem Tagebuch ist zu lesen: »Hartnagel kann ich prima leiden. Er mich auch.« Und an anderer Stelle gestand sie: »Ich habe ihn gern wie keinen Menschen. So gern.«

Als jüngstes von vier Kindern kam Fritz Hartnagel 1917 in Ulm zur Welt. Sein Vater hatte sich vom Vertreter für Schmier- und Waschmittel zum Firmenchef hochgearbeitet und es damit zu Wohlstand gebracht. Als eine der ersten Familien in der Stadt besaßen die Hartnagels ein Auto, einen luxuriösen Wanderer. Allerdings krachte der Vater kurz nach dem Kauf mit dem Wagen

Fritz Hartnagel mit 17 Jahren

vor das Garagentor, so dass er ihn seinen Kindern überließ. So manche Fahrt unternahm dann auch der jüngste Sohn mit seinen Freunden, vor allem mit Sophie.

Fritz kam aus der Bündischen Jugend, Werner Scholl gehörte zu seiner Gruppe. Er wurde Berufssoldat, weil er an Ehre und Ritterlichkeit der Wehrmacht glaubte. Als er und Sophie sich beim Tanzen trafen, war er Oberfähnrich und in Augsburg stationiert. Allerdings war er mit Charlotte Thurau befreundet, Sophies ehemaliger Jungmädelführerin und Vorbild. Es war nicht einfach gewesen, aber verzichten wollte Sophie auch nicht. »Ich weiß nicht, wie ich dran bin, Scharlo weiß es auch nicht, aber ich bin jetzt älter geworden.« Charlotte Thurau ging nach Heidelberg zum Studium, löste sich

65

von ihr. Fritz Hartnagels Freundschaft zu Sophie wird bis zu ihrem Tod halten, einer ihrer letzten Briefe wird ihm gelten.

Über 300 Briefe haben sich von den beiden erhalten. Neben viel Alltäglichem dokumentieren sie das Bemühen, bisweilen geradezu auch Ringen um Klarheit und Eindeutigkeit, um Liebe und immer wieder um den Glauben. Zu Weihnachten 1938 schenkte sie ihm eine Ausgabe des Gedichtbandes ihres Lieblingsdichters Manfred Hausmann. Sie empfahl ihm, die Gedichte öfters zu lesen, bis er sich in den Ton hineingefunden habe. Einige Gedichte hatte sie auch angestrichen.

Diese Ausgabe hat sich nicht erhalten; es wäre interessant zu wissen, welche sie ausgewählt hat, wenn sie auch ihrer Freundin Lisa Remppis schrieb: »Ich habe sie alle sehr gerne, die Gedichte. Ich kann sie beinahe auswendig, u. dann sag ich sie mir vor dem Einschlafen leise vor, u. sie machen dann schöne Gedanken in mir.« Ihr Lieblingsgedicht von Hausmann war mit dem Titel »Trost« überschrieben. Darin heißt es:

Ich möchte eine alte Kirche sein
voll Weihrauch, Dunkelheit und Kerzenschein.

Wenn du dann diese trüben Stunden hast,
gehst du herein zu mir mit deiner Last.

Du senkst den Kopf, die große Tür fällt zu.
Nun sind wir ganz alleine, ich und du [...]

Ich fange mit der Orgel an zu singen ...
Nicht weinen, nicht die Hände heimlich ringen! [...]

Glück ... Unglück ... alles ist von Schmerzen schwer.
Sei still, versinke, denk an gar nichts mehr! [...]

Wenn du dann diese trüben Stunden hast,
gehst du herein zu mir mit deiner Last.

Auch wenn Manfred Hausmann ein evangelischer Dichter war, der als Laienprediger auch verkündigte, beschreibt er hier eine katholische Kirche. Und sie wird Sophie Scholl immer wieder aufsuchen, in Ulm-Söflingen, in Krauchenwies und auch in Blumberg, den nächsten Stationen ihres Lebens. Sie suchte die Stille, um zur Ruhe zu kommen und nachzudenken, um mit sich und auch mit Gott allein zu sein. Bisweilen setzte sie sich auch an die Orgel und spielte Johann Sebastian Bach, sie bewunderte die Klarheit seiner Werke. Seine Stücke sind Meisterwerke der Komposition und zugleich spürt man ihnen an, dass sie aus einem tiefen Glauben heraus geschaffen worden sind, voller Zuversicht und Trost, voller Hoffnung.

7. Kapitel

.... ein Mensch kommt zu Ihnen

Vom ersten Tag der Machtübernahme an haben die Nationalsozialisten das Leben in Deutschland umgestal-
tet. Besonders zu leiden hatten darunter die politischen
Gegner: alle Personen, die sich ihnen nicht anschlossen,
sowie alle Menschen, die sie für minderwertig hielten.
Ihre Rassenideologie hielt Einzug in alle Bildungsein-
richtungen bis hin zu den Heimabenden der HJ sowie in
die Medien, deren Macht sie schon früh erkannten und
nutzten. Sie bestimmte das Berufsleben wie auch den
Alltag. Mit großer Brutalität bekam das die jüdische Bevölkerung im Deutschen Reich zu spüren. Einige erkannten von Anfang an die Gefahr und verließen das Land,
andere hielten den Nationalsozialismus für eine vorüber-
gehende Erscheinung. Sie konnten sich nicht vorstellen,
dass sich eine solche Kulturnation wie Deutschland in
einen totalitären Barbarenstaat verwandeln würde. Das
stellte sich als ein tragischer und tödlicher Irrtum heraus.

Im Ulmer Rathaus wurde bereits am 8. März 1933 die
Hakenkreuzfahne gehisst, und neun Tage später musste auf Druck der Nationalsozialisten Oberbürgermeister
Emil Schwamberger, der seit 19 Jahren an der Spitze
der Stadt stand, abtreten. Damit war auch Ulm »gleich-
geschaltet« und in der Hand der neuen Machthaber. Das

NS-Blatt »Ulmer Sturm« hetzte unentwegt gegen jüdische Geschäfte, am 1. April kam es dann zum Boykottaufruf. Otto Levi schrieb am 16. Dezember 1933 an einen Freund: »... ich meine, die Ereignisse dieses Jahres haben mit aller Wucht dokumentiert, dass wir Fremdlinge in diesem Land sind. Verstehst Du nicht den ewigen Schmerz des Wandernmüssens, die unmenschliche Erniedrigung des Menschen in uns durch Menschen?« Otto Levi, der im Herzen Zionist war, fühlte sich in Deutschland ohnehin in der Fremde, für viele andere aber war es ihr Zuhause.

Zum 500. Jubiläum des Ulmer Münsters sammelte die jüdische Gemeinde Geld für eine Statue des Propheten Jeremia, die im Mittelschiff der Kirche angebracht wurde. Die Nationalsozialisten verdeckten die Inschrift auf dem Sockel »Gestiftet von der Israel. Gemeinde 1877«. Seit der 600-Jahr-Feier (1977) ist der Stiftungstext nun wieder zu lesen.

Die Nachbarschaft von Christen und Juden war zu Ende. Die Juden nahmen die Einschränkungen der nächsten Jahre hin, stets mit dem Gefühl, dass es ja nicht schlimmer werden kann. 1933 lebten 530 Juden in Ulm, fünf Jahre später sind es nur noch 178.

Statue des Propheten Jeremia

Im April 1933 wird die jüdische Bevölkerung aufgefordert, bei der Stadt die Reisepässe »zur Kontrolle« einzureichen, einen Monat später galt ein »Judenverbot für die städtische Badeanstalten«, angeblich hätten ihre Anwesenheit und ihr Benehmen für »Misshelligkeiten« gesorgt. Als der Ulmer Anwalt Dr. Hirsch gegen die Aufschrift »Juden in Ulm nicht erwünscht« an der Eisenbahnbrücke protestierte und »die Entfernung dieses groben Unfugs« verlangte, empfahl ihm der neue Bürgermeister eine größere Zurückhaltung gegenüber den »Vorkommnissen«, die »einem gesunden deutschen Volksempfinden entspringen«.

1934 wurde auf dem Ulmer Münster die Hakenkreuzfahne gehisst. Pfarrer Oehler, der Sophie und Werner Scholl konfirmiert hatte, verband zunächst wie viele andere mit dem Nationalsozialismus die Hoffnung auf einen Aufbruch; so lehnte er es auch nicht ab, als man ihn bat, HJ-Pfarrer zu werden. In der Garnisonskirche, zu der auch die Familie Scholl gehörte, hielt er HJ-Gottesdienste und nahm auch an Führerfreizeiten der Jugendlichen teil. So sehr er auch anfangs für den Nationalsozialismus eintrat, so sehr lehnte er ihren Rassismus ab und trat bereits 1933 entschieden für die jüdische Bevölkerung ein, die nach seiner klaren Meinung dasselbe Recht habe, in Deutschland zu leben wie die Christen. Überhaupt, hielt er es für wichtig, dass »wir Christen offene Augen haben für das politische Geschehen in unserem Volk«.

Als die Evangelische Kirche in Preußen am 6. September 1933 die Einführung des »Gesetzes zur Wiederherstellung des Berufsbeamtentums«, das im März zusammen mit dem Arierparagraphen erlassen wurde, beschloss, gründete der Berliner Pfarrer Martin Niemöller den »Pfarrernotbund«, dem bis zum Jahresende 6 000 Pfarrer beitraten. Daraus entstand die »Bekennende Kirche«, die das Gegengewicht zu den »Deutschen Christen« bildete, die sich unter ihrem Bischof Ludwig Müller als »Reichskirche« verstand und sich der nationalsozialistischen Ideologie verpflichtet sah.

Am 22. April 1934 wurde im Ulmer Münster von der Bekennenden Kirche ein »Bekenntnisgottesdienst« gefeiert, an deren Vorbereitung Gustav Oehler maßgeblich beteiligt war. Tausende Besucherinnen und Besucher nahmen daran teil. Es wurde die »Ulmer Erklärung« verabschiedet, in der sie sich als die »rechtmäßige evangelische Kirche« ansahen. Oehler rief im Gemeindeblatt dazu auf, der »Reichskirche« in »Worten und Taten« entgegenzutreten. Er forderte ein »Wachwerden von Oben«. Er nahm klar und deutlich Stellung gegenüber den Deutschen Christen: »Zu wirklicher Religion kommen wir nur, wenn Gott zu uns kommt. Daß Religion allein aus Blut und Boden, Rasse und Volkstum entstehe, ist ein völliger Irrtum.« Er wurde von nun an als Staatsfeind diffamiert und musste Überwachungen über sich ergehen lassen und die Androhung von Verhaftung.

Die Bekennende Kirche Deutschlands formulierte in ihrer Denkschrift im Mai 1936 ebenso deutlich: »Wenn dem Christen im Rahmen der nationalsozialistischen Weltanschauung ein Antisemitismus aufgedrängt wird, der zum Judenhass verpflichtet, so steht für ihn dagegen das christliche Gebot der Nächstenliebe.« Als es aber um Konsequenzen aus dieser Erklärung ging, schwieg auch die Bekennende Kirche. Theologen wie Dietrich Bonhoeffer, der von Anfang an ein entschiedenes Handeln forderte und sich eindeutig auf die Seite der jüdischen Brüder und Schwestern stellte, blieben eine Ausnahme. Besonders schmerzlich war dieses Schweigen am 9. und 10. November 1938, als überall im Deutschen Reich die jüdischen Gotteshäuser brannten.

Voran gegangen war die sogenannte »Polenaktion« im Oktober 1938. Die Nationalsozialisten schoben 17 000 polnische Juden in ihr Heimatland ab, dort wurden sie aber nicht aufgenommen. So kampierten sie unter menschenunwürdigen Umständen im Niemandsland. Darüber aufgebracht, drang der siebzehnjährige Herschel Grynszpan, dessen Eltern von der Deportation betroffen waren, in die deutsche Botschaft in Paris ein und erschoss den Botschafter Ernst vom Rath. Für den Propagandaminister Joseph Goebbels war dies der Anlass für eine konzentrierte Aktion gegen die jüdische Bevölkerung. Mehr als 1 400 Synagogen und jüdische Einrichtung wurden von den Nationalsozialisten in Brand gesteckt, dazu Tausende von Geschäftshäusern und Wohnungen zerstört. Etwa 400 Menschen kamen dabei um, 30 000 kamen in die Konzentrationslager, meistens waren es junge Männer. Viele wurden gleich erschossen oder starben aufgrund der Strapazen. Von der »Reichskristallnacht« sprachen die Nationalsozialisten verharmlosend, als wären nur ein paar Scheiben zu Bruch gegangen. Es war ein barbarischer Anschlag, der einige Jahre zuvor nicht vorstellbar war. Baldur von Schirach, der Reichsjugendführer, lehnte die Aktion ab, weshalb sich die Hitler-Jugend nicht an dem Pogrom beteiligte, wie auch die Bevölkerung meistens nicht. Allerdings griff auch niemand ein und stand der jüdischen Bevölkerung zur Seite. Es waren ihre Nachbarn und oft auch gute Freunde und Bekannte.

In Ulm erhielt die jüdische Bevölkerung am 9. November eine Ausgangssperre, so waren sie den SA- und SS-Gruppen hilflos ausgeliefert. In Schlafanzügen und Unterwäsche wurden sie frühmorgens durch die Straßen Ulms zur brennenden Synagoge am Weinhof getrieben. Bei der Ankunft dort »wurden die Juden sofort von der tobenden Menge in Empfang genommen und gezwungen, einzeln oder auch zu zweien in den Brunnentrog hineinzusteigen. Dort wurden sie im Kreis herumgetrieben und von der den Brunnentrog dicht gedrängt umstehenden Menge in der übelsten Weise geschlagen. Wenn die Mißhandelten dem Zusammenbrechen nahe waren, liess man sie aus dem Brunnen wieder heraussteigen, worauf sie von bereitstehenden

Polizeibeamten in Schutzhaft abgeführt wurden.« So gibt das Gerichtsprotokoll die Ereignisse wieder. Der Ulmer Rabbiner Dr. Julius Cohn wurde so sehr misshandelt, dass er einige Wochen im Krankenhaus behandelt werden musste.

Um die Häuser in der Nähe nicht zu gefährden, löschte die Feuerwehr die brennende Synagoge; einige Wochen später wurde das Gebäude dann abgerissen. Zur Begleichung der Schäden in der Innenstadt wurde den Juden im Deutschen Reich eine Milliarde Reichsmark auferlegt. Die jüdische Bevölkerung erfuhr in der Folgezeit immer stärkere Beschränkungen und Repressalien.

Robert Scholl hatte unter seinen Kunden auch jüdische Geschäftsleute. Sein Vermieter Jakob Guggenheimer war bereits im Frühjahr verstorben, zuvor aber hatte er das Haus weit unter Wert verkaufen müssen. Scholl half der Tochter Irene, mit ihrem Mann Arthur Einstein aus Deutschland auszureisen. Als er in der Nacht des 9. Novembers aus Sorge um die Sicherheit der Familie zu ihr kam, wagte die Frau nicht aufzumachen. Er soll zu ihr gerufen haben: »Frau Einstein, ein Mensch kommt zu ihnen!« Die Schriftstellerin Amelie Fried, deren Großeltern Scholl half, ihr Schuhhaus zu verkaufen, sagte über ihn, »sein Engagement und seine Vertrauenswürdigkeit« seien bekannt gewesen und er habe als ein ausgewiesener Gegner des Nationalsozialismus gegolten. Als »anständigen Nichtjuden« bezeichnete ihn ein Nachfahr der Einsteins.

Nach der Erinnerung einer Klassenkameradin soll Sophie Scholl sich empört über die Misshandlung des Rabbiners geäußert haben; sie sei es gewesen, »die den Mund auftat«. In ihren Tagebüchern und Briefen findet sich kein Hinweis auf die Ereignisse der Pogromnacht. Letztlich verwundert es nicht weiter, sie hatte ja erlebt, wie die Gestapo genüsslich aus dem Tagebuch ihrer Schwester Elisabeth las. Sie wusste also, wie gefährlich ein Eintrag sein konnte. Die Hausdurchsuchung und die Verhaftung der Geschwister lagen noch nicht lange zurück. Ihnen allen war der Schrecken in die Glieder gefahren. Wovon sie bislang nur gehört hatten, erfuhren sie jetzt unmittelbar. Sie wussten, wie gefährdet sie waren. Wenn Sophie Scholl nun trotzdem regelmäßig zu den Treffen der HJ ging, dann muss das darum nicht zwangsläufig aus innerer Überzeugung geschehen sein. Sie selbst gab den August 1937 als Termin an, an dem sie sich von der HJ gelöst hat. Ihre Freundin Susanne Hirzel schreibt in ihren Erinnerungen: »Mit ungefähr 16 Jahren war sie sich klar in der Ablehnung des Nat.soz. Sie hatte den nötigen Instinkt dazu, einen außerordentlich klaren Verstand u. konnte Lügen u. Compromisse nicht ertragen. Sie lebte in dauernder Unruhe: was ist unsere Aufgabe? Unser ganzes kulturelles u. familiäres Leben war vom politischen Geiste bestimmt u. von ihm infiziert. So galt ihr höchstes Interesse unserm Staat.«

An einen besonderen Vorfall im Frühjahr 1938 erinnert sie sich, der Sophie betraf und ihre Schwester

Elisabeth, aber auch sie selbst und noch einige andere Jungmädelführerinnen. Es ging wieder einmal um eine Fahne, genauer: um einen Wimpel, auf den die Mädchen nicht Hakenkreuze aufgenäht hatten, sondern Runen gestickt hatten. Sie wurden daraufhin »in einer feierlichen Zeremonie in den Räumen der Geschäftsstelle der HJ in der Bockgasse abgesetzt«. Was dann geschah, bezeichnete Hirzel als »lächerlich«. Sie wurden der Treulosigkeit und des Verrates bezichtigt. Sie mussten außerhalb des Kreises stehen, in dem die anderen sangen: »Wo wir stehen, steht die Treue, / unser Schritt ist ihr Befehl, / wir marschieren nach der Fahne, / so marschieren wir nicht fehl.« Sie waren allesamt ausgeschlossen aus diesem Kreis, und Susanne Hirzel »war froh, nichts mehr mit diesen dummen Menschen zu schaffen zu haben«. Großzügig erklärte die aus Stuttgart angereiste Funktionärin, dass man ihnen den Lebensweg nicht verbauen wolle, und sie dürften »fürderhin als Maiden dem BDM angehören«. Für die Pfarrerstochter, die sich ohnehin an dem Antisemitismus der HJ sehr gestoßen hatte, war damit das Ende ihrer Tätigkeit in der HJ besiegelt. Bis zum Abitur jedoch besuchte sie weiterhin die Heimabende. Ihre Führerin beschreibt sie als freundlich und angenehm, sie ließ die selbst geschriebenen Entschuldigungen gelten und fragte nicht weiter nach. Und an viel mehr konnte Susanne Hirzel sich nicht erinnern.

Wenn die älteste Schwester davon spricht, dass Sophie weniger eng der HJ verbunden gewesen sei als sie selbst und Hans, dann gilt das umso mehr für den Jüngsten, für Werner. Er war der Einzige, der nicht freiwillig in die Hitlerjugend eintrat, der keine Führungsposition innehatte und der die HJ verließ, wohl wissend und riskierend, dass er dann kein Abitur mehr machen konnte. Weil sein Freund Otl Aicher, der ein erklärter Gegner des Nationalsozialismus war, schon vom Abitur ausgeschlossen war und die Schule nicht zwei Schülern den Abschluss verweigern wollte, konnte Werner doch noch die Reifeprüfung ablegen. Von Kindheit an war er eng mit seiner Schwester verbunden. Er machte viele Fotos von seiner Schwester, und es gibt ein sehr

Werner und Sophie Scholl Anfang der 40er-Jahre

schönes Bild von den beiden, wo sie ihn freundlich-ernst, fast bewundernd anschaut. Als Kinder waren sie Hand in Hand über die Wiese gegangen, und auch später unternahmen sie lange Spaziergänge, bei denen sie sich unterhielten. Beide ließen sich in HJ-Uniform konfirmieren. Er kam von der Bündischen Jugend und sie hatte in ihrer Tätigkeit als Jungmädelführerin einen »Schuss Bündisches«.

Im Gegensatz zu Inge und Hans Scholl wird bei Sophie die nationalsozialistische Ideologie nicht wirklich greifbar. Im Gegenteil, sie hatte ein sehr kritisches Urteil, was die nationalsozialistische Literatur und Kunst angeht. Dass ihre ältere Schwester Inge sie beeindruckte, die für so viele Mädchen verantwortlich war, die vor allen Reden hielt und einen ganzen Jugendring in Ulm organisierte, ist sehr verständlich. Oder ihr Bruder Hans, der zum elitären Bund »dj.1.11.« gehörte und dessen Freischarbluse sie am liebsten selber trug und sich so mit ihm identifizierte. Wie ihre Geschwister las sie den »Cornet« von Rilke – so, dass ihr die Wörter »aus dem Mund fliegen«. – Als Hans seinen Irrtum erkannte, sah er sich in die Pflicht genommen, seinen Fehler wiedergutzumachen. Sophie dagegen litt an der Zwiespältigkeit, die sie bei anderen Menschen erlebte, aber auch bei sich selbst. Sie sehnte sich immer wieder danach, dass ihr Leben eindeutig werde.

8. Kapitel

Zu wissen, dass da jemand ist

Sophies Verbindung zu Fritz Hartnagel wurde immer enger, sie schrieben sich nun regelmäßig, manchmal brachen aus ihr die Gefühle einfach so heraus. Aber sie suchte auch den geistigen Austausch. Einmal erwähnte sie den Dichter Manfred Hausmann. Dabei fiel ihr ein Vers aus seiner Ballade Lilofee ein: »Das Sündige auf dieser Welt, ich glaube, das ist doch immerdar, wenn jemand für sich selbst behält, u. sich nicht hingibt ganz u. gar an das, was seine Sehnsucht war.« Der versündigt sich gegen Gott und verfehlt sich auch selbst, der sich nicht ganz dem anderen oder einer Sache hingibt.

Ach, so gerne würde sie zu Fritz nach Augsburg trampen und seine »Bude nett herrichten oder so«. Und dann plötzlich stand sie mit ihrer Freundin Lisa vor dem Kasernentor, und weil es schon spät am Tag war, konnten sie auch nicht mehr zurückfahren. Sie mussten in der Kaserne übernachten, was strengstens verboten war. Fritz schleuste die beiden Mädchen in die Stube eines Freundes und brachte sie frühmorgens wieder heimlich aus der Kaserne. So ganz wohl war Sophie nicht und bat darum ihre Freundin inständig, ihren Eltern davon nicht zu erzählen und am besten auch den Brief zu verbrennen.

Zu Pfingsten 1938 wäre Sophie Scholl am liebsten wieder vereist, aber sie musste zu Hause bleiben. Es musste gespart werden und so sparte sie für eine Fahrt im Sommer zu ihrer Schwester Inge nach Bremen.

Sie nutzte die Zeit, um zu zeichnen. Schon früh hatte sich ihr Talent gezeigt, aber eine Berufung spürte sie nicht. »... wenn man Künstler werden will, muss man wohl vor allen Dingen zuerst Mensch werden. Durch das Tiefste empor. Ich will versuchen, an mir zu arbeiten. Es ist sehr schwer.« Mit ihrer Zeichenlehrerin an der Schule war Sophie Scholl sehr unzufrieden, sie fand sie einfach »doof«. So finanzierten ihre Eltern ihr Privatstunden an der Ulmer Schule. Dort meldete sich auch ihre Freundin Erika Reiff an. Zu den Gästen im Hause Scholl gehörte auch immer wieder der Ulmer Maler, Graphiker und Glaskünstler Wilhelm Geyer, der von den Nationalsozialisten als »entartet« verfemt wurde. Er gilt als einer der wichtigsten Vertreter der religiösen Kunst des 20. Jahrhunderts. Große Anerkennung fand er durch seine Altarbilder, aber noch mehr durch seine zahlreichen Glasfenster. Zusammen mit Sophie und ihrer Freundin Erika fuhr Fritz Hartnagel zu dem Künstler Albert Kley nach Geislingen. Er war ebenfalls mit der Familie Scholl befreundet.

Ihr Bruder Hans schenkte Sophie einen Malkasten mit Ölfarben, und auch das Buch von Hanna Kiel über die Bildhauerin und Medallieurin Renée Sintenis stammte von ihm. Als Kind verweilte diese Künstlerin viel in der Natur, oder man fand sie in den Pferdeställen. Sie war lieber mit den Tieren zusammen als mit den Schulkameradinnen. Sie beobachtete und zeichnete sie. Sie bekam Zeichenunterricht und als die Familie nach Berlin zog, besuchte sie die Kunstschule. Leo von König wurde ihr Lehrer, aber bald reichte ihr die Zeichenlinie nicht mehr. Sintenis begann zu modellieren und formte die Figuren. Weil es der Familie wirtschaftlich schlecht ging, sollte sie Stenografie lernen, da-

Renée Sintenis, Selbstbildnis 1931

mit sie als Schreibkraft arbeiten konnte. Anfangs fügte sie sich, bis sie es nicht mehr aushielt, mit der Familie brach und zur Kunst zurückkehrte. Eine Freundin half ihr, über die Runden zu kommen. Die ersten Tiere wurden gegossen, natürlich auf Kredit, und in der Ausstellung der Berliner Sezession gezeigt. Ein Brief des Schriftstellers Rainer Maria Rilke traf überraschend bei ihr ein. Er beglückwünschte sie und kaufte für eine vierstellige Summe das Selbstporträt von ihr. Es war wie ein Traum, sie hatte es geschafft. Die große Schönheit mit den kurzen Haaren fiel auf, sie verkörperte den Typ der »Neuen Frau«, die eigenverantwortlich ihr Leben führen wollte. Diese Frauen traten selbstbewusst auf, rauchten und fuhren Auto. Sie brachen aus dem herkömmlichen Rollenbild ihrer bürgerlichen Welt aus.

Sophie Scholl beeindruckten die Werke von Sintenis, in deren Figuren sie viel Schwung entdeckte, aber auch das Leben der Künstlerin selbst, wie »sie sich zu ihrem Beruf durchgekämpft« und all die Mühen und Schwierigkeiten auf sich genommen hat. Renée Sintenis gehörte zu den verfemten Künstlern und Künstlerinnen des Nationalsozialismus. Ihre Großmutter mütterlicherseits konvertierte vom Judentum zum Christentum. Für die NS-Ideologen reichte das, Sintenis Werke aus den öffentlichen Sammlungen entfernen zu lassen.

Im Sommer 1938 konnte Sophie Scholl doch noch in den Norden fahren, der Vater ihrer Freundin Annlis Kammerer fuhr sie mit dem Auto zusammen mit ihrem Bruder Werner und Lisa Remppis. Es wurde eine Fahrt mit Widerständen, dreimal musste ein Reifen gewechselt werden. Aber das tat der guten Laune keinen Abbruch. Von Bremen ging es in das Künstlerdorf Worpswede, wo Heinrich Vogeler und Paula Modersohn-Becker gelebt und gearbeitet hatten. Vogeler ging 1931 in die Sowjetunion, während Modersohn schon 1907 gestorben war. In Worpswede wohnte auch Manfred Hausmann, Sophies Lieblingsdichter, und dem stattete sie dort auch einen Besuch ab.

Den Rest des Sommers verbrachte sie bei der Freundin Lisa in Leonberg. Die ganze Zeit rang sie mit sich. Ihr Freund wollte eine ernsthafte Beziehung mit ihr, aber war sie bereit dazu? Sie musste das für sich klären und ihm erklären. So schrieb sie:

Ich will mir mal einen Ruck geben, u. ganz ehrlich zu Dir sein, denn das bin ich Dir schuldig. In dem Verhältnis, in dem ich zu Dir stehe, kann ich nicht weiter bleiben. Ich habe es von einer Stunde auf die andre eingesehen. Der Grund? Ich bin einfach noch zu jung, lach bitte nicht, es ist so, es drückt mich zusammen. Ich war bis vor der Fahrt glücklich, aber jetzt bedrückt mich alles. Ich bin noch nicht erwachsen, bitte nimm mir nichts übel, aber ich kann es noch nicht. Das ist der einzige u. wahre Grund. Ich schreibe Dir das, weil ich es nicht ertragen könnte, irgendwie unwahr zu Dir zu sein. Sei mir bitte nicht böse. Ich habe Dir ja viel zu verdanken. Schreib mir bitte bald, ich habe bis dahin keine Ruhe. Ich habe überhaupt keine gehabt deshalb.

Sie hatte noch die Adresse der Freundin unter den Brief geschrieben, aber es sollte lange dauern, bis sie eine Antwort darauf erhielt. Fritz war ernsthaft an Typus erkrankt und nur langsam erholte er sich.

In Deutschland rückte der Krieg immer näher. Die Nationalsozialisten schürten immer deutlicher den Hass. Angeblich würden die Deutschen in der Tschechoslowakei unterdrückt. Die Propaganda rührte kräftig die Trommel.

Die Regierungen von England und Frankreich glaubten, den Krieg mit Hitler noch gerade verhindert zu haben. Zusammen mit der deutschen und italienischen Regierung schlossen sie im September 1938 das

Münchner Abkommen. Das Sudetenland, in dem viele Deutsche lebten, sollte abgetrennt werden, das Schicksal der Tschechoslowakei war damit besiegelt. Kein halbes Jahr später marschierte die Wehrmacht in Prag ein. Hitler brachte hiermit Europa an den Rand eines neuen Krieges.

Das Verhältnis zwischen Sophie und Fritz hatte sich noch immer nicht geklärt. In den Herbstferien war er auf Erholungsurlaub in Ulm, dabei waren sich beide sehr nahe gekommen. Darum verstand er sie noch weniger. Vorwürfe und Schuld belasteten ihn. Sophie fühlte sich ebenfalls schuldig. Sie würde es verstehen, wenn er von ihr loskommen wolle. »Aber Gefühle kannst Du nicht von mir verlangen, die man nicht selbst in sich wecken kann.« Ihrer Freundin schrieb sie, dass sie ihn trotzdem gern habe. »Ich glaube, ich muss immer in Ungewissheit, immer hungrig sein, wenn ich etwas lieben soll. Und sehne mich doch immer nach Gewißheit. Es sind die blödesten Gegensätze in einem.« Wenn sie durch den Wald ginge, fühle sie sich geborgen und könne auf die Menschen verzichten, aber »letzten Endes sehnt man sich doch nach einem Menschen, der einen ganz versteht und kennt und tröstet«.

Die Ungeduld nagte an ihr. »Was möchtest du an mir haben?«, fragte sie. »Du darfst mich doch nicht einfach so hängen lassen«, warf sie ihm vor. Vieles habe sich verändert in dem Jahr, sie sei nicht mehr so dumm und leichtgläubig wie früher, aber auch nicht mehr so sicher und rein.

Nach einem halben Jahr gab er ihr endlich die Antwort, auf die sie gewartet hatte. Am 1. Februar 1939 schrieb er ihr, dass er es selbst nicht begreifen könne, aber es müsse etwas Großes und Schönes sein, dass ihn bewege. »Was ich von dir haben möchte? Nichts, Sofie, gar nichts – nur, was Du mir schenken magst und kannst.« Er fragte sich, ob er ihr gerecht werden könne. Und dann gestand er ihr: »Ich wüsste nicht, wie die Wochen vergehen würden, wenn ich nicht die Freude auf einen Sonntag hätte, den wir gemeinsam verbringen.« Sophie Scholl antwortete ihm am 18. Februar:

Ich bin Dir so dankbar, daß Du bis jetzt immer für mich da warst. Das ist das Allerschönste, was Du mir geben konntest. Zu wissen, dass da jemand ist. Damit hilfst Du mir ja am allermeisten, daß Du mich lieb hast.

Er solle Geduld mit ihr haben, sie brauche ihn. Und dabei gestand sie, »... ich fühle, daß ich die egoistischere bin von uns beiden, aber ich nehme von Dir so gerne und dankbar.«

Das Zeugnis vor den Osterferien bescheinigte ihr wieder einmal ungleichmäßige Leistungen, dazu fehle es ihr an Pflichtbewusstsein. Die Schwester Elisabeth hatte ihre Abschlussprüfung als Kindergärtnerin bestanden. Von den 50 Reichsmark, die sie zur Belohnung erhalten hatten, fuhr sie mit Sophie nach Schindelberg ins Allgäu. Gemeinsam wollten sie ausspannen, Ski fahren, lesen und viel schlafen. Aber der Schnee war geschmolzen und so ging es auf die Wiese, wo sie die Sonne genossen. Zwischendurch wurden ihnen die 50 Reichsmark gestohlen. Sophie wusste, wen sie fragen konnte. Und nicht nur, dass er einsprang, sondern Fritz Hartnagel brachte das Geld persönlich vorbei und blieb drei Tage in Schindelberg. Sophie Scholl genoss den Frühling und die Natur. Gerne würde sie später auf dem Land leben, die Stadt komme ihr verlogen vor. Und immer wieder begegnete in ihren Briefen die Angst, oberflächlich zu werden.

Am 20. März berichtete sie Fritz, dass ihre Schwester Elisabeth nach der Ausbildung zur Kindergärtnerin plane, sich auch noch als Kinderkrankenschwester ausbilden zu lassen. Elisabeth besprach sich mit ihrer Freundin Susanne Hirzel, dass das vielleicht eine Möglichkeit wäre, den Reichsarbeitsdienst zu umgehen. Sie war nicht mehr bereit, sich »nochmal ein halbes Jahr oder länger mit Flaggen und Gemeinschaftsunterkünften herumzuärgern«. Sie müssten etwas Soziales lernen oder zumindest so tun. Es könnte ihr dabei der Schlussvers aus dem Rilkegedicht »Archaischer Torso Apollos« durch den Sinn gegangen sein: »Du musst dein Leben ändern.« Ihr Bruder Hans hatte sich schon zum Sommersemester 1939 an der Münchner Ludwig-Maximilians-Universität für Medizin eingeschrieben. Er konnte tun, was seinen Eltern verwehrt war, studieren, und sie waren stolz auf ihren Sohn. Er hatte ihnen ihre Unterstützung nicht vergessen, als er im Gefängnis war und vor Gericht stand. Er wusste, dass er sich auf sie verlassen könne, gleich, was geschehen würde.

Am 9. Mai 1939 wurde Sophie Scholl achtzehn Jahre alt. Sie musste den Tag im Bett verbringen, weil sie krank war, aber so konnte sie sich an den Geschenken freuen. Von Fritz hatte sie eine kleine Plastik erhalten und in seinem Brief schrieb er ihr, dass er in Gedanken bei ihr sei wie alle Tage: »Liebe Sofie, Du hast mich dadurch vor so vielem bewahrt, und dafür möchte ich dir danken. Ich wünschte, dass ich Dir noch mehr schenken könnte außer diesem Dank.«

Im Frühjahr 1939 zog die Familie an den Ulmer Münsterplatz 33 um, dort bewohnten sie eine großzügige Wohnung im vierten Stock eines Jugendstilhauses. Im Krieg wurde das Gebäude vollends zerstört; zwei Stelen erinnern heute daran, dass hier Hans und Sophie Scholl lebten, sowie an den bleibenden Auftrag der Flugblätter der Weißen Rose.

Stele am Ulmer Münster

Scherzhaft schrieb Sophie Scholl ihrer Schwester Elisabeth: »Wir werden dann gewissermaßen erhabener über die ganze Menschheit sein. Manche dürfen uns dann besuchen.« Der Vater verdiente gut als Steuerberater und Wirtschaftsprüfer, die Familie gehörte zum gut situierten Ulmer Bürgertum. Für ihr neues Zimmer bekamen Sophie und Inge einen Stuhl des bekannten Designers Karl Nothelfer, von dem auch der klassische Schulstuhl stammte, mit dem unzählige Klassenräume bis zum heutigen Tag ausgestattet werden. Sophie war stolz auf ihr neues Möbelstück und schwärmte, »nun wird's fabelhaft in unserer neuen Wohnung«. Und fügte beinahe warnend hinzu: »Man gewöhnt sich so schnell an die behagliche Wohlhabenheit.« Mittlerweile hatte sie auch von Fritz das Autofahren gelernt und verkündete, dass sie ganz allein vom Bodensee nach Ulm gefahren sei, auch durch die Städte.

Zeichnung von Sophie Scholl

Zu Christi Himmelfahrt unternahmen die Geschwister Scholl gemeinsam mit den Kindern der befreundeten Familie Nägele eine Wanderung. Dabei erzählte der Sohn Hanspeter, dass er das Kinderbuch »Peter Pan« von James Matthew Barrie übersetze. Er bat Sophie Scholl, seine Übertragung zu illustrieren. Es ist die Geschichte von dem Jungen, der nie erwachsen wird: Mit seinen Jungs, den verlorenen Jungs, lebt er auf Nimmerland, einer Insel im Nirgendwo. Gemeinsam kämpfen sie gegen die Piraten unter dem unerschrockenen Anführer Captain Hook. Nach vielen Abenteuern und Kämpfen gelingt es schließlich, den gefährlichen Widersacher zu besiegen. Am Ende gibt es ein Happy End: Die verlorenen Kinder werden adoptiert und können ein ganz normales Leben führen, während Peter Pan ins Nimmerland zurückkehrt. – Dass die Nationalsozialisten dieses Buch ablehnten, ist leicht zu verstehen, nicht nur weil es in Englisch verfasst war. Sophie Scholl aber sagte zu und machte sich an die Arbeit.

Im Sommer sollte es mit Fritz nach Jugoslawien gehen, aber die Fahrt kam nicht zustande. Zwar gaben ihre Eltern die Einwilligung, aber sie erhielt von der Reichsjugendführung keine Erlaubnis zu der Auslandsreise, und außerdem konnten sie die nötigen Devisen nicht beschaffen. Gemeinsam mit Werner und Lisa Remppis fuhren die beiden wieder in den Norden nach Worpswede.

Dort besuchten sie Martha Vogeler, die ihr Mann Heinrich Vogeler mit einem sehnsüchtigen Blick in die Ferne gemalt hatte. Aber während er, als überzeugter Kommunist, in die Sowjetunion ging, hatte sie sich mit den Nationalsozialisten arrangiert und blieb in Worpswede. In der Heide baute sie das »Haus im Schluh«, wo sie das Werk ihres Mannes aufbewahrte und ausstellte, aber auch eine Handweberei eingerichtet hatte. Sie empfing die Gäste sehr freundlich, und sie dürften auch kommen, wann sie wollten. Die Schubladen waren voll mit Zeichnugen von Heinrich Vogeler. Sophie Scholl schaute sie sich an, aber es war das Wiedersehen mit den Bildern von Paula Modersohn-Becker, das sie fesselte. Sie »verehre sie richtiggehend«, schrieb sie ihrer Schwester. »Sie hat für eine Frau ungeheuer selbständig gearbeitet, sich in ihren Bildern nach niemandem gerichtet.« Alle anderen Bilder gingen danach einfach nur an ihr vorbei. Sie kaufte Postkarten und Drucke dieser Malerei. Das Bild »Sitzender Junge mit Mädchen auf dem Schoß« hat sie über ihr Bett aufgehängt. Es sei »ein sehr wahres Bild«, schrieb sie ihrer Freundin Lisa, die sich ebenfalls diesen Druck gekauft hatte. »Deshalb hat es mich gleich so berührt, weil ich unbewusst manchmal das auch fühlte.« Dann räumte sie ein, dass sie »solche Aufgaben jetzt noch nicht erfüllen könne«.

Unerwartet früh kehrten sie aus Worpswede zurück. Ein Gast, der kurzfristig ihr Bett belegte, entdeckte Sophie Scholls Bücher und war empört. Das müsse man der Partei melden. Sophie war alarmiert.

Paula Modersohn-Becker, Sitzender Junge mit Mädchen auf dem Schoß, 1903

9. Kapitel

Sag nicht, es ist für's Vaterland

Für Fritz Hartnagel kam die Zeit in Worpswede rückblickend wie im Märchen vor, und die acht Tage, die seitdem vergangen waren, erschienen ihm wie acht Wochen und er musste aufpassen, dass ihm nicht ein Heimweh nach Worpswede überkam.

Die Welt stand am Rande eines neues Krieges und was auf den ersten Blick nach Frieden aussehen sollte, besiegelte, genau besehen, den Kriegsbeginn. Am 23. August 1939 unterzeichneten die Außenminister Deutschlands und der Sowjetunion einen Nichtangriffspakt. In einem geheimen Zusatzprotokoll teilten sich beide Länder Polen auf. Ein paar Tage später schrieb Sophie Scholl im Blick auf Fritz, dass nun seine »Arbeit« wohl bald losgehe. Es war unübersehbar: Deutschland rüstete sich. Luftschutzkeller wurden ausgebaut, Lebensmittelkarten wurden gedruckt und verteilt, die Propaganda schwor die Menschen auf die kommenden Zeiten ein. Bei einem Spaziergang an der Donau sprach Elisabeth Scholl von ihrer Sorge vor einem Krieg. Die Antwort ihrer Schwester Sophie überraschte sie: »Doch, und hoffentlich wehrt sich jetzt endlich jemand dagegen.«

Nur wenige Tage später, am 1. September 1939, überfiel die deutsche Wehrmacht Polen. Eine inszenierte polnische Provokation, der Überfall auf den Sender Gleiwitz in Oberschlesien, diente als Begründung für den Kriegsbeginn, wobei getötete Häftlinge aus einem Konzentrationslager als Beweise für die Verluste gezeigt wurden. In der Rede im Reichstag stellte sich Hitler als Friedensvermittler dar, der alles unternommen haben wollte, um den Konflikt zu verhindern. Als alles nichts half, habe er, so betonte er, um der Sicherung der Grenzen und des Friedens willen eingreifen müssen. »Seit 5.45 Uhr wird jetzt zurückgeschossen«, erklärte er.

Dass er eine gute Woche zuvor befürchtete, dass ihm »im letzten Moment noch irgendein Schweinehund einen Vermittlungsplan vorlegt«, zeigte seine wahre Absicht. Er wollte den Krieg, einen brutalen Vernichtungskrieg. Er wolle keinen »Kampf gegen

Die Figur der römischen Göttin Justitia vor dem Landgericht in Ulm, von dem Hofbildhauer Karl Felderlin geschaffen. Eigentlich ist die griechische Göttin Themis dargestellt, die schützende Gerichtigkeit. Auf der anderen Seite sehen wir Dike, die strafende Gerechtigkeit, abgebildet.

Frauen und Kinder führen«, heuchelte er im Reichstag unter lautem Beifall, der immer wieder seine Rede unterbrach. Am Tag darauf wurde die Ansprache in den Zeitungen abgedruckt, auch im Ulmer Tageblatt war sie nachzulesen.

Bei den Scholls wurde der Kriegsbeginn ausführlich diskutiert: Engländer und Franzosen würden eingreifen, sie wären für einen Krieg gut gerüstet. Sie würden dem Nationalsozialismus ein Ende bereiten. Hans sah in dem Krieg eine Läuterung, vielleicht käme es zu einer »Erlösung« Deutschlands und zu einer positiven Entwicklung Europas. Er war froh und wollte unbedingt an die Front. »Unsere ganze Hoffnung hängt an diesem Krieg«, schrieb er in sein Tagebuch. Währenddessen dachte sein jüngerer Bruder Werner über Widerstand nach und versuchte, seinen Freund Otl Aicher dafür zu gewinnen. Der war sehr skeptisch, der Krieg würde noch lange dauern und eine Widerstandsgruppe würde in diesem Polizeistaat nicht lange durchhalten. Kleine Sabotageakte hatte Werner schon geübt. Bei der Feier des Heldengedenktages im März hatte er Knallerbsen auf dem Rednerpult vor dem Ulmer Münster versteckt, so dass alle aufgeschreckt waren. Und er war es auch, der eines frühmorgens der Figur der Justitia vor dem nahegelegenen Landgericht die Augen mit einer Hakenkreuzbinde verschlossen hatte.

Fritz Hartnagel wäre gerne beim Krieg gegen Polen dabei gewesen, aber er war bei einer Nachrichteneinheit im Schwarzwald eingesetzt. Von morgens bis abends bereitete sich die Truppe auf ihren Einsatz vor. »Wir warten stündlich, daß es auch hier bei uns zum Knallen kommt. Wenn wir's auch nicht hoffen wollen, so freuen wir uns natürlich insgeheim darauf.« Endlich könnten sie umsetzen, was sie gelernt hatten. »Es macht sehr viel Spaß, wenn man mal seine Kriegsschulkenntnisse und Friedenstheorien in die Praxis umsetzen kann.«

Sophie Scholl konnte es nicht verstehen, dass Krieg, in dem es Verletzte und Tote geben würde, mit Spaß in Verbindung gebracht werden konnte. Erschrocken schrieb sie ihm: »Ich kann es nicht begreifen, daß nun dauernd Menschen in Lebensgefahr gebracht werden von anderen Menschen. Ich kann es nie begreifen und finde es entsetzlich. Sag nicht, es ist für's Vaterland.« Ihr Freund konnte ihre Bedenken nicht so einfach beiseiteschieben, durch Sophie war er ein anderer geworden. Aber er konnte daraus noch nicht die Konsequenzen ziehen. »Du bringst mich in einen großen Konflikt, wenn Du mich nach dem Sinn des ganzen Blutvergießens fragst.« Vielleicht hatte Sophie den Freunden tatsächlich das Versprechen abgenommen, niemals auf Menschen zu schießen. Sicher ist das nicht und realistisch auch nicht. Im Verlauf des Krieges wird sie erleben, wie wenig ein Menschenleben zählt, und dabei wird ihr erst recht bewusst, wie »wertvoll ein Leben ist, zumal ein Menschenleben«.

10. Kapitel
... ein Gefühl, was Recht und Unrecht ist

Die Schülerinnen im Fröbel-Seminar in Ulm-Söflingen: Sophie Scholl steht links, ihre Freundin Susanne Hirzel sitzt rechts in der ersten Reihe

Im März 1940 legte Sophie Scholl die Prüfungen für die Allgemeine Hochschulreife mit der Note Befriedigend ab. Bei der Abiturfeier wirkte sie auf ihre Klassenkameraden, als sei sie »grad vom Himmel runter«. Dem Freund Fritz schrieb sie, im »Himmel war's arg schön gewesen«, und sie meinte damit ihren gemeinsamen Skiurlaub. Drei Wimpern legte sie mit in den Brief – drei Wünsche hatte er frei.

Zusammen mit der Freundin Susanne Hirzel begann sie am 8. April 1940 die Ausbildung zur Kindergärtnerin im Evangelischen Fröbel-Seminar in Ulm-Söflingen.

Auf dem Lehrplan standen dort die evangelischen Pädagogen Johann Friedrich Oberlin (1740–1826), Johann Heinrich Pestalozzi (1746–1827) und Friedrich Fröbel (1782–1852), der eigentliche Begründer des Kindergartens. Aber auch die katholische Reformpädagogin Maria Montessori (1870–1952) aus Italien wurde eingehend behandelt. Sophie Scholl arbeitete aufmerksam den Unterrichtsstoff durch. Auf einer Seite ihrer Aufzeichnungen finden sich Zitate zweier Personen, die unterschiedlicher nicht sein konnten. Die erste Äußerung stammt von Albert Schweitzer, dem vielseitigen Theologen und Humanisten: »Die Ethik fragt nicht, ob dieses oder jenes Leben als wertvoll erhalten oder gefördert werden soll, dem ich in Gedanken und Tun Ehrfurcht zu erweisen habe.« Seltsam ist da die Übereinstimmung mit einem Ausspruch Adolf Hitlers: »Ich habe mich immer zu der Auffassung bekannt, dass es nichts Schöneres gibt, als der Anwalt derer zu sein, die sich selbst nicht gut verteidigen können.«

Im Sommer des Jahres wurde Sophies Mutter von einer ehemaligen Kollegin darüber informiert, dass im Samariterstift Grafeneck, in dem beide eine Zeitlang gearbeitet hatten, Menschen mit Behinderung ermordet wurden. Im Jahr zuvor hatte Hitler das »Euthanasie«-Programm angeordnet, die systematische Ermordung von sogenanntem »unwerten Leben« – zunächst in Bussen, in die Gas eingeleitet wurde, später dann in Gaskammern. Die Angehörigen wurden über die wirkliche

Todesursache getäuscht, aber einige ahnten bald, dass ihre Lieben grausam ermordet worden seien. Es war kein »guter« Tod, wie der Name »Euthanasie« behauptet, es war ein grausamer Tod derer, die sich nicht verteidigen konnten. Unklar ist, wann die Familie Scholl über diese Aktion informiert worden war, im Sommer 1940 oder erst im Winter 1941 – wann auch immer, es wird sie tief erschüttert haben.

Die Leiterin des Evangelischen Fröbelseminars, Emma Kretschmer, stammte aus einen Pfarrhaus, besuchte aber eine staatliche Einrichtung, und staatlich anerkannt war auch der Abschluss, den die Schülerinnen in ihrem Seminar erreichen konnten. Sie musste klug vorgehen, war »völlig undurchsichtig« und verstand sogar geschickt, Schweitzer und Hitler zu kombinieren.

Sophie Scholl hat sich in dieser Zeit verändert. Sie war ruhig geworden, bescheiden, aber auch stolz. Das Übermütige und auch Kecke hatte sie abgelegt. Ihre Haare ließ sie nun länger wachsen. Die Freundin Susanne Hirzel charakterisierte sie: »Sofie, dunkelhaarig und dunkeläugig, war für mich eine helle Gestalt. Kritisch und neugierig blickte sie aus den Augen, hatte einen klaren Kopf und ein mutiges Urteil. So jemand war eine kostbare Seltenheit.«

Wenn eine Rede Hitlers oder anderer wichtiger Parteigrößen des Nationalsozialismus im Radio übertragen wurde, mussten sich alle versammeln und zuhören. Sophie und Susanne fielen dann durch kritische

Kommentare auf. Bisweilen griff Sophie demonstrativ zu einem Buch und zeigte damit deutlich ihr Desinteresse. Ihre Lehrerin Kretschmer ließ es geschehen, und sie zeigte auch nicht an, dass ihre Schülerin verbotene Bücher las.

Literatur spielte in der Familie Scholl eine zentrale Rolle, gemeinsam lasen sie Dramen, diskutierten über Erzählungen und Romane und lernten auch Gedichte auswendig. Sie tauschten Bücher aus, wünschten sich und besorgten füreinander bestimmte Ausgaben, machten sich gegenseitig auf einzelne Werke aufmerksam und suchten miteinander immer neuen Lesestoff. Im Juli 1940 schrieb Inge Scholl ihrem Bruder von der

»gewissen Beruhigung und Genugtuung«, dass »Menschen wie Carossa, Jünger und Melchow lebendigen Leibes neben uns stehen«. Sophie Scholl schenkte ihrem Freund den Bestseller »Vorsommer«, den Karl Benno von Melchow 1933 verfasst hatte, sich selbst wollte sie das Buch »Führung und Geleit« von Hans Carossa kaufen. Ernst Jüngers »Marmorklippen« wurden heimlich herumgereicht. Thomas Mann, der von Sophie so hoch geschätzte Autor, sprach später von den Autoren der sogenannten »Inneren Emigration« sehr verächtlich und behauptete, dass ihnen »ein Geruch von Blut und Schande« anhafte. Für die Familie Scholl und ihre Freunde waren diese Autoren, die in Deutschland geblieben waren, eine wichtige Kraftquelle. Manfred Hausmann und Ricarda Huch gehörten dazu, aber auch die katholischen Schriftsteller Reinhold Schneider und Werner Bergengruen zählten zu den bevorzugten Autoren. Späterkamen noch andere hinzu.

Susanne Hirzel erinnert sich daran, wie sie gemeinsam Ernst Wiecherts Ansprache »An die deutsche Jugend« lasen, die er 1935 an der Münchner Universität hielt. Die Nationalsozialisten hielten ihn für einen ihrer Autoren, aber beinahe prophetisch wies er auf das kommende Unheil hin und mahnte eindringlich: »Nicht schweigen, wenn das Gewissen zu reden befiehlt, denn nichts zerfrißt das Mark eines Menschen wie die Feigheit.« Später versuchte Hans Scholl, Kontakt zu dem

Schriftsteller aufzunehmen, aber er wurde von Wiecherts Frau brüsk weggeschickt. Joseph Goebbels hatte dem Autor, nachdem er zur Abschreckung in das Konzentrationslager Buchenwald kam, mit der »physischen Vernichtung« gedroht, falls er nicht Ruhe geben würde, und ihn so doch zum Schweigen gebracht. Aber seine Rede wurde immer wieder abgeschrieben, weitergegeben und gelesen: Die Worte werden »nicht schweigen, wenn das Gewissen zu reden befiehlt«.

Thomas Mann wandte sich aus dem Exil an die Deutschen, in 55 Radioansprachen sprach er in der BBC zu ihnen. Leichtsinnigerweise schrieb Sophie Scholl ihrem Bruder Hans, dass der Vater nun »den Krieg durch ein neues Radio« verfolge, und in Klammern hatte sie »Kurzwellen« hinzugefügt und mit einem Ausrufezeichen versehen. Damit war klar, dass sie damit auf die ausländischen Sender anspielte ... Das Hören von »Feindsendern« konnte mit dem Tode bestraft werden.

In der Folgezeit wurde ein Land nach dem anderen in Europa angegriffen. Am 9. April 1940 überschritt die Wehrmacht die deutsch-dänische Grenze, Norwegen wurde vom Meer aus beschossen. Am 9. Mai überraschte Fritz Hartnagel seine Freundin mit seinem Besuch zu ihrem Geburtstag. Er konnte nur wenige Stunden bleiben, der Westfeldzug stand an. Einen Tag später marschierten die deutschen Truppen in das Gebiet der neutralen Niederlande ein.

Der Krieg war nun für sie zur Realität geworden. Der Freund berichtete von den langen Reihen der Kriegsgefangenen, den toten Pferden und den umgeworfenen Fahrzeugen. Mit seinen Truppen zog er über verwüstetes Land und durch zerstörte Städte. Und wie schmal der Grad zwischen Leben und Tod sein kann, sollte er schon bald erfahren. Mit einem Kameraden war er auf Erkundungsfahrt durch Nordflandern. Vor einer Brücke bekamen sie einen Platten. Sie ärgerten sich und schimpften. Ein Bauer überholte sie mit seinem Fuhrwerk, plötzlich ging die Brücke in die Luft. Eine Druckmine hatte die Explosion ausgelöst. Das Tragische: Die Frau des Bauern war ihm gefolgt und nur 100 Meter von dem Unglück entfernt. Verzweifelt suchte sie die verstümmelte Leiche ihres Mannes. Als Fritz Hartnagel später in der Schreibstube saß und an die »Scheußlichkeiten des Krieges« dachte, hörte er ein Menuett von Mozart und fragte sich, »warum nicht alle Menschen diesem Menuett zuhören können, sondern sich ermorden und verstümmeln müssen«. Sophie Scholl schrieb ihm dazu: »An der Brücke, da hat wohl Dein Schutzengel in den Reifen gestochen, damit Ihr nicht weiter konntet. Wie könnte er anders, da er doch alle meine Wünsche und die andrer für Dich kennen muß.« Sie sah sich jetzt an der Seite ihres Freundes, denn es galt nun, ihnen »zu helfen, damit ihnen der Krieg kein bißchen etwas anhaben kann. Dazu sind sicher Mädchen und Frauen notwendig.«

Gleichzeitig wünschte sie sich, dass der Freund den Krieg überstehe, »ohne sein Geschöpf zu werden«. Sie bat ihn um ein Bild. Obwohl sie gegen den Krieg sei, könne es ruhig in Uniform sein, denn sie gehöre ja nun zu ihm, und sie wolle sich »wenigstens bekannt mit ihr machen«.

Am 14. Juni 1940 eroberten die deutschen Truppen Paris. Fritz Hartnagel resümierte in einem Brief an seine Freundin, »ob diese Zerstörungen nicht für die gesamte Menschheit einen Verlust bedeuten«. Sophie kritisierte die kampflose Übergabe von Paris. »Es hätte mir mehr imponiert, sie hätten Paris verteidigt bis zum letzten Schuß, ohne die Rücksicht auf die vielen wertvollen Kunstschätze ...« Ende Februar 1941 erlebte ihr Freund in Amsterdam den Streik der Zivilbevölkerung mit, die gegen die Verhaftung der Juden durch Deutsche protestierten. 1933 waren zahlreiche deutsche Juden nach Amsterdam ausgewandert, darunter auch Otto Frank. Im Februar 1934 war ihm seine Frau mit den beiden Töchtern Margot und Anne gefolgt. Hitlerhatte 1940 den Österreicher Arthur Seyß-Inquart, der schon in seinem Heimatland durch sein brutales Vorgehen aufgefallen war, zum Reichskommissar der Niederlande ernannt. Mit unerbittlicherer Härte ging die SS gegen die Bevölkerung vor. Sophie Scholl kommentierte dieses Vorgehen sehr nüchtern: »Übrigens, daß man überall (wie in Amsterdam) radikal vorgeht, finde ich nur gut. Es verwirrt die Erkenntnis der ganzen

Fritz Hartnagel 1942 in Amsterdam

Sache weniger, als wenn man hier etwas gutes, dort etwas schlechtes findet und nicht weiß, welches nun das wahre ist.« Um die Boshaftigkeit der Schutzstaffel zu entlarven, sollten durchaus auch Menschen sterben – dann wäre Schwarz und Weiß deutlich getrennt. Auch wenn sie nicht viel von Politik verstehe, so habe sie »doch ein bisschen ein Gefühl, was Recht und Unrecht ist«. Und wenn es im Zusammenleben mit den Völkern um Gerechtigkeit gehe, dann solle man sich auf die die Seite der Gerechtigkeit stellen, gleich, welchem Volk man angehöre. Unrichtig fand sie es, »wenn ein Deutscher oder Franzose oder was er sein mag, sein Volk stur verteidigt, nur weil es sein Volk sei«. Das bedeute in der Konsequenz, dass sie sich auch die Niederlage des eigenen Volkes wünschen müsse, um der Gerechtigkeit willen. Allerdings ist sie an diesem Punkt auch skeptisch, »da sich kaum einer findet, der sich ungeteilt der gerechten Sache opfert«.

Ihr fällt da Mose ein, der Tag und Nacht seine Arme hoch hielt, um von Gott den Sieg gegen das Volk der Amalekiter zu erbitten. Senkte er einmal die Arme, bekamen die Gegner die Oberhand. Und sie fragt, »ob es wohl auch heute noch Menschen gibt, die nicht müde werden, ihr ganzes Denken u. Wollen auf eines ungeteilt zu richten« (22.6.1940). Ihr Freund sah sich ratlos und schrieb: »Ich kann Dir nur sagen, daß ich sehr glücklich wäre, wenn ich das gefunden hätte, worauf ich mein Wollen ungeteilt richten könnte.«

11. Kapitel

Harter Geist und weiches Herz

Zu den beiden Klassen des Evangelischen Fröbel-Seminars gehörten jeweils acht bis zehn Mädchen. Sophie Scholl und ihre Freundin Susanne Hirzel waren die beiden einzigen Abiturientinnen. Sie konnten die Ausbildung zur Kindergärtnerin in einem statt in zwei Jahren durchlaufen, sie mussten sich dafür aber den Stoff aus beiden Jahrgängen erarbeiten und neben der Tätigkeit im Seminar-Kindergarten die Praktika (Privathaushalt, Hort, 2. Kindergarten, Säuglingsheim) in den Ferien ableisten.

Von Juni bis Mitte Juli 1940 stand das erste Praktikum in einem Ulmer Kindergarten an. Sophie liebte Kinder unbeschreiblich, sagte ihre Freundin Susanne von ihr. Sie beobachtete Kinder sehr genau und versuchte, sich in sie zu versetzen, aber zugleich auch über ihnen zu stehen. Über einen Jungen, der gerne herumschmierte, schrieb sie »Man muss ihn nur richtig liebhaben, so ist mit ihm etwas anzufangen.« Am liebsten war es ihr, wenn die Kinder »frech, bubig, ernst, unschuldig und ehrlich waren«, dazu »gescheit und hübsch«. Von den Säuglingen schwärmte sie geradezu, von dem »Duft ihres blütenähnlichen Fleisches«, den ständig »herumschwebenden Händchen« und ihrem Blick – »das ist wirklich wie eine eben erschlossene Blüte einzig, unantastbar und so erhaben, ein Wunder in unserem Alltag.«

Die Tätigkeit im Kindergarten bereitete ihr »große Freude«, aber sie war auch sehr anstrengend. »Dies ist bestimmt kein egoistischer Beruf, und ich glaube kaum, daß ich ihn auf die Dauer aushalten könnte. Dazu bin ich zu egoistisch erzogen.« Ihre Schwester Elisabeth, die dasselbe Seminar besucht hatte, bestätigte diesen Eindruck, für sie sei es einer der Berufe, »in denen man am meisten auf sich selber verzichten muß«. Sophie fühlte sich eher für das in sich gekehrte Arbeiten bestimmt, für das »kontemplative Leben«. Sie brauchte Momente, in denen sie sich zurückziehen konnte. Ihre Klassenkameradinnen verstanden das nicht und hielten sie deshalb für arrogant.

Am 10. August 1940 ging es in das Kindersanatorium Kohlermann nach Bad Dürrheim. Es war ein Haus für »bessere Kinder«. Anfangs gab es mit den Kindern aus dem Norden Verständigungsschwierigkeiten. Sophie war im Elternhaus schwäbisch aufgewachsen und musste sich das Hochdeutsch erst in der Schule aneignen. Die meisten Kinder in dem Sanatorium waren schrecklich verzogen, manche auch eingebildet und verdorben. »Es gibt nur zwei oder drei, die ich gut leiden kann. Die anderen sind nicht dumm noch unsympathisch, aber schon unerträgliche, dazu hochmütige Spießer.«

Von morgens um sieben bis abends halb zehn war Sophie Scholl auf den Beinen, eine halbe bis eine Stunde Mittagspause gab es. Sie musste morgens die Kinder wecken, und weil es kein fließendes Wasser gab, musste sie es immer wieder nachfüllen. Auch für die Essensverteilung war sie zuständig, dann ging sie mit den Kindern spazieren und sorgte dafür, dass die Ruhepausen eingehalten wurde, wobei sie immer wieder »Ruhe« schreien musste. Es war wohl recht anstrengend für sie.

Und wenn sie dann die Kinder ins Bett gebracht hatte, konnte sie sich immer noch nicht zurückziehen. Mit ihrer Zimmergenossin verstand sie sich nicht. Sie wüsche sich nie und hielte sich für schön, sie habe »ein Gehirn wie eine Henne und 130 Pfund unsympathisches Fleisch«, urteilte Sophie. Nachts schnarchte sie und brach immer wieder in ein hysterisches Gelächter aus. Gleich zu Beginn hatte Sophie mit ihr darüber einen Streit angefangen, darum kehrten sie sich nur noch den Rücken zu. Aushalten konnte sie diese Zeit, weil sie wusste, dass sie einen »Hinterhalt« hatte, und damit meinte sie vor allem den Rückhalt in ihrer Familie. Dort konnte man offen miteinander reden und auch streiten, im Sanatorium indes konnte sie nicht alles sagen, ohne anzuecken. Dennoch, am Ende steckte ihr die Leitung 50 Reichsmark zu. Ihr erstes selbst verdientes Geld! Sie schätzte die angehende Kindergärtnerin.

Zeichnung von Sophie Scholl

Fast siebzig Briefe schrieben sich Sophie Scholl und Fritz Hartnagel in den Monaten April bis Dezember 1940. Während sie ihre Ausbildung machte, befand sich ihr Freund im Krieg an der Westfront. Sie warf einen kritischen Blick auf die Politik, auf ihren Freund, aber auch auf sich selbst. Manchmal könne ihr der Mut vergehen und sie wünsche sich, auf einer einsamen Insel zu sein. Selbst das Schreiben fiel ihr schwer, es »grauste« ihr sogar davor. Aber sofort stellte sie klar: »Das ist aber nur eine Müdigkeit, Faulheit und Leere, die Gott sei Dank überwunden werden muss. Auch mir ist manchmal danach zu Mute, die Waffen zu strecken. Aber, allen Gewalten zum Trotz. Es geht ja im Leben immer auf und ab. Man muss nur warten können.«

Aber dieses Warten, dieses Ringen um Klarheit zehrten an ihr. Am 26. Oktober 1940 notierte sie in ihr Tagebuch: »Wie schwer ist es doch, das tägliche Tun und Handeln mit seinem Wesentlichen in Einklang zu bringen ... Ich bin zu müde, es zu ändern, wie viele Menschen sind müde. Hätte ich doch immer die Kraft, ganz mich mit ihnen abzugeben. Ich spüre nur noch Pflichten, und die Liebe, sie freudig zu erfüllen, ist mir abhandengekommen.« Sie musste im Ungewissen leben und sehnte sich doch nach Gewissheit, »es sind die blödesten Gegensätze«, so schrieb sie ihrer Freundin Lisa Remppis.

Der Krieg hatte Sophie Scholl bewusst gemacht, dass sie sich entscheiden muss. Wer um Recht und Unrecht weiß, muss handeln. Nur wer schlecht ist, kann in der Masse leben. Und sie weiß, wer dagegen kämpft, riskiert sein Leben. Schon im November 1939 schrieb sie: »Man sollte überhaupt den Mut haben, nur an das Gute zu glauben. Ich meine damit nicht, an Illusionen zu glauben. Sondern ich meine, nur das Wahre u. Gute zu tun und bei anderen Menschen voraussetzen, wie man es mit dem Verstand nie kann.« Und dann fügte sie hinzu: »Nun, man hängt zu sehr am Leben, um so zu sein.« Es fehlten ihr die Kraft und der Mut. »Ich erkenne, wie ich bin, und bin zu müde, zu faul, zu schlecht, dies zu ändern!«

Aber auch auf ihren Freund Fritz fiel ihr kritischer Blick, steht er doch als Soldat im Dienst dieses verbrecherischen Systems. In seinem langen Brief vom 9. August 1940 erläuterte er seine Gründe, warum er Soldat geworden sei. Dabei nahm er Bezug auf die Vorschrift »Die Pflichten des deutschen Soldaten« vom Mai 1934, in denen die soldatische Haltung als »selbstbewußt und doch bescheiden, aufrecht und treu, gottesfürchtig und wahrhaft, verschwiegen und unbestechlich« beschrieben wurde. Er wolle Soldaten in diesem Sinne ausbilden, versicherte er. Sophie Scholl sah die Realität und konnte diese Begründung nicht akzeptieren. Deutlich fiel ihre Antwort aus: »Soviel ich Dich kenne, bist Du ja auch nicht so sehr für einen Krieg, und doch tust Du die ganze Zeit nichts anderes, als Menschen für den Krieg auszubilden. Du wirst doch nicht glauben, daß es die Aufgabe der Wehrmacht ist, den Menschen eine wahrhafte, bescheidene, aufrechte Haltung beizubringen.«

Welche Zukunft hatte diese Beziehung? Zwei Jahre währte nun schon die Unklarheit und er leide unter der Ungewissheit, schrieb der Freund ihr. Und bei allen Meinungsverschiedenheiten, »man muss den Mensch an sich nehmen«. Er gestand ihr eine Affäre mit einer jungen Jugoslawin in Amsterdam. Er sah die großen schwarzen Augen auf sich gerichtet, etwas traurig und träumerisch. Er war von diesem Blick wie gebannt, »und dann haben wir uns alles geschenkt« – um dann zu erkennen, dass er von Sophie nicht loskomme. Und er fragt sich, ob er sich nicht in einer Sackgasse befinde.

Anfang Oktober 1940 würde der Freund für ein paar Tage nach Ulm kommen. Sophie war entschlossen, die Beziehung zu beenden. Dass sei zwar schwer und grausam, aber »besser als verlogen«. Sie beschloss, in dieser Zeit zu ihrer Freundin Lisa nach Leonberg zu fahren, aber überraschenderweise machte ihre Mutter ihr einen Strich durch die Rechnung und verbot ihr wegzufahren. Auch von ihrer Freundin in Leonberg bekam sie ebenso überraschend deutliche Worte zu hören: »Du warst übrigens wahnsinnig blöd zu Fritz – wenn ich jetzt Fritz wär – würd ich Dich nehmen und an einen Baum schmeißen oder den Berg hinunter. Also, es würde das größte Unglück geben, wenn Du ihn heiratest.« Zwar wäre auch Fritz schuld, aber sie könne nicht zusehen, wie Sophie sich verhalte. Die Trennung war beschlossen, ein neues Kapitel sollte beginnen, aus der Liebe sollte Freundschaft werden. »Nur wäre es schade, wenn irgendeine Bitternis in Dir zurückbliebe.« Fritz war der Boden unter den Füßen weggezogen, wie sollte er die innere Leere überwinden? »Vielleicht kannst Du verstehen, dass es nicht ganz schmerzlos geht, zu unterdrücken, was mir lange Zeit das größte Glück war«, schrieb er ihr.

Zu seinem Geburtstag am 4. Februar hatte sie ihm schon geschrieben, dass sie sich nicht für ihn aufgeben kann. Und das müsste sie eben tun, um »gerade zu sein«. Um eine neue Beziehung ginge es ihr nun und die Fäden ging nicht mehr zwischen ihnen beiden, sondern zwischen ihnen und »etwas Höherem«. Das hatte sie bei Augustinus gefunden. Fritz verstand sie nicht mehr. Er machte ihr deutlich, dass er nun seine Heimat verloren habe. Aber die Heimat müsse man doch in sich selbst finden, antwortete sie ihm. Ihr ginge es nicht so sehr um körperlichee Nähe, sondern vor allem um die seelische Verbundenheit. »Glaubst Du nicht, das Geschlecht könnte vom Geist überwunden werden?«

Auf Augustinus hatte Otl Aicher Sophie aufmerksam gemacht, der enge Freund ihres Bruders Werner. Sie hatten sich Anfang 1937 angefreundet. Söflingen, wo Otto, der sich Otl nannte, geboren wurde und aufwuchs, war im Gegensatz zu Ulm katholisch geprägt. Durch Jahrhunderte hindurch bis zur Säkularisierung

1803 bestimmte das Klarissenkloster den Ort. Dort wirkte seit 1932 der Stadtpfarrer Franz Weiß. Als Katholik war Pfarrer Weiß ein entschiedener und unbeugsamer Gegner des Nationalsozialismus. Er versuchte, unter den Priestern ein Netzwerk gegen die »braune Flut« aufzubauen. Zu einem gemeinsamen Treffen in Paderborn nahm er auch den jungen Otl Aicher mit. Diesen beeindruckte, wie die Priester dort euphorisch den Aufruf zum Widerstand beklatschten. In Weiß fand er seinen Mentor, die Bibliothek des Pfarrers stand ihm offen und so verschlang er die griechischen Philosophen und die Kirchenväter, allen voran Augustinus und Thomas von Aquin. Fritz Weiß musste immer wieder Hausdurchsuchungen und andere Provokationen über sich ergehen lassen, Ende Februar 1939 wurde er dann aus Württemberg ausgewiesen. Als er dennoch nach Söflingen zurückkehrte, um am Karfreitag die Messe in der Kirche zu halten, wartete draußen schon der Wagen der Gestapo. Die Gemeinde, unter ihnen auch Otl Aicher und sein Vater, war bereit, ihren Geistlichen zu verteidigen. Fritz Weiß aber ging freiwillig mit der Gestapo mit, ein Sondergericht verurteilte ihn in Ulm zu einem Jahr Gefängnis. Ein Relief am Söflinger Pfarrhaus, von

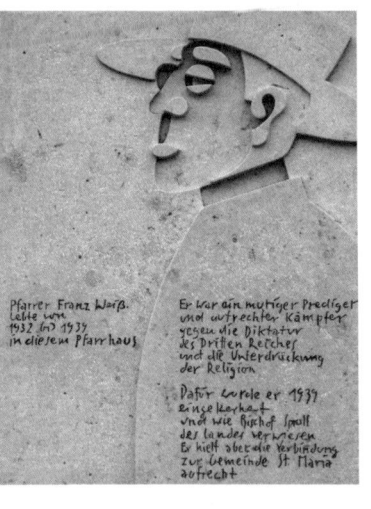

Gedenktafel Fritz Weiß

Otl Aicher 1992 zum 100. Geburtstag des Priesters entworfen, erinnert an das Wirken und den Widerstand des Geistlichen.

Otl Aicher um 1940

Otl Aicher kam im Oktober 1939 das erste Mal in die Wohnung der Scholls am Münsterplatz. Es wurden Schubert-Lieder gesungen, und dann lasen sie gemeinsam aus einem Drama des Schriftstellers Henry von Heiseler, der dem Kreis um Stefan George nahestand. Aicher, so belesen er auch war, lehnte indes entschieden die Belletristik ab. Er hielt sie für gefährlich. »Man muss über Rilke stehen, um ihn lesen zu dürfen«, schrieb er einem Freund, soll heißen, man darf sich von der Literatur nicht berühren und beeinflussen lassen. Ihm kam es allein auf das reine Denken an. Aus demselben Grund lehnte er auch die Kunst ab. Seine Welt war die der Philosophie und der Theologie, genauer: der katholischen Theologie. Nur auf die Gnade zu setzen, wie Martin Luther es in der Rechtfertigungslehre machte, erschien ihm falsch, so könne man dem Bösen nicht trotzen. Aber gerade das bestimmte die tiefe Frömmigkeit der Mutter und damit hatte sie auch ihre Kinder geprägt.

Vermittelt durch Otl Aicher las Sophie Scholl nun die Predigten des Kardinals Newman, der von der anglikanischen Kirche zum Katholizismus konvertierte, die Schriften des Dogmatikers Thomas von Aquin und eben auch die Werke Augustins. In den »Bekenntnissen« beschreibt der Kirchenvater seinen Bekehrungsweg von einem hedonistischen Leben, das sich ganz der Freude hingibt, zur radikalen Absage an die Sexualität. Davon ließ sich für lange Zeit die christliche Theologie bestimmen. Auch Sophie Scholl ließ sich von Augustins Wandel beeindrucken. Ihrer Freundin Lisa schrieb sie, dass sie – zumindest, was die Taten betreffe, – alles Sinnliche ausgeschaltet habe und es nun auch in Gedanken und Gefühl versuche. Fritz Hartnagel, der nun auch im Werk des Augustin las, entgegnete ihr: »Ich kann nicht verstehen, daß Gott dem Menschen einen Leib gegeben hat, und zwar einen lustvollen Leib, um ihn in Versuchung zu führen, um ihn von Anfang an in Widerstreit zwischen Leiblichem und Geistigem zu setzen. Welch grausamer Gott müsste das sein?« (4.5.1941)

Er sagte seine Teilnahme an der gemeinsamen Skifreizeit zur Jahreswende 40/41 ab. Also fuhren die Geschwister Inge, Elisabeth, Sophie und Werner zusammen mit Otl und einem weiteren Freund in die Berge, um in einer Hütte oberhalb des Lechtals ruhige Tage miteinander zu verbringen. Sie schliefen richtig aus und dann ging es in den Schnee. Am Abend saßen sie zusammen und diskutierten ihre Lektüre. Otl hatte den Roman »Tagebuch eines Landpfarrers« von Georges Bernanos vorgeschlagen. Ein junger Pfarrer beginnt seine Pfarrstelle mit viel Elan, aber er stößt überall nur auf Ablehnung, letztlich scheitert er an der Gleichgültigkeit der Menschen. Die Welt erscheint ihm als der Kampfplatz zwischen Gut und Böse, der Mensch steht zwischen göttlicher und teuflischer Macht. Damit fanden die Freunde ihre Zeit und ihre Situation treffend charakterisiert. Bernanos zählte zu den wichtigsten Autoren der »Renouveau catholique«, einer konservativ katholischen Erneuerungsbewegung, die als Reaktion auf die Trennung von Kirche und Staat 1905 entstand und eine Hinwendung zu den katholischen Werten und Dogmen vollzog. Der Glaube sollte eine Stütze der Gesellschaft werden. Jahrzehnte später, in den 30er-Jahren, kam diese Bewegung auch nach Deutschland. Auch hier waren es Schriftsteller und Gelehrte, die eine Erneuerung des Katholizismus anzubahnen versuchten. Sie fanden sich zusammen in ihrer radikalen Ablehnung des Nationalsozialismus.

Andere Schriftsteller des »Renouveau catholique« waren Paul Claudel, dessen Werke ebenfalls in dem Kreis gelesen wurde, sowie Jacques Maritain, von dem der Wahlspruch der Gruppe stammte:

Il faut avoir l' esprit dur et le coeur tendre, –
Man muss einen harten Geist und ein weiches Herz haben.

Dieser Satz wurde auch zum Lebensmotto von Sophie Scholl. Sie stellte das Denken über das Gefühl, um so klarer zu sehen und erkennen zu können. Gleichzeitig spürte sie eine starke Empathie, was das Leiden der Menschen wie auch der Kreatur überhaupt anging. Schon als Kind empfand Sophie Mitleid mit den Mäusen im Haus, die im Keller in der Falle getötet wurden. In der Schule war sie zwar davon fasziniert, wenn sie Fische sezierten, und zugleich berührte sie der Tod der Tiere. Der klare Verstand und das mitempfindende Herz sollten die beiden Koordinaten ihres Handelns sein.

Mit Otl Aicher kam Sophie Scholl in den Kreis der konservativen katholischen Theologie, ihrer Schriftsteller und Gelehrten. Allerdings setzte Bernanos in seinem Roman über das tragische Schicksal des Landpfarrers wie auch in anderen Werken letztlich auf die Gnade und Barmherzigkeit Gottes. Ein Gedanke, der ihr aus dem Konfirmandenunterricht wie auch aus der Frömmigkeit ihrer Mutter vertraut gewesen sein dürfte.

Im Februar 1941 kam Fritz Hartnagel nach Ulm, anscheinend war es ein versöhnliches Treffen. Sie sind sogar noch ein paar Tage im Allgäu Ski gefahren. In seinem ersten Brief danach schrieb er ihr: »Ich kommen mir vor, als hätte ich eine schwere Krankheit überstanden.« Aus dem Abstand, wenn sie um Eindeutigkeit und Klarheit rang, schien ihr die Trennung nur konsequent zu sein; wenn sie aber zusammen waren, dann fühlte sie sich für ihn verantwortlich. Sie gewann ihn lieb, »um des Guten willen«, das in ihm war.

Im Frühjahr 1941 fielen die ersten Bomben über

Köln. Die Scholls beschlossen, ein »Rheinlandkind«

aufzunehmen. Winfried hieß der achtjährige Junge, der statt des erwarteten Kleinkindes zu ihnen kam. Sophie holte den Jungen ab und die Enttäuschung verflog schnell. »Er hat ein so nettes Gesichtchen, so nette Augen, daß ich schon ausgesöhnt bin. Als er kam, fassungslos schluchzend, da bekam ich geschwind eine große Wut auf den Krieg, aber natürlich zwecklos.«

Nach dem zweiwöchigen Praktikum in einem Ulmer Säuglingsheim im März 1941 erhielt Sophie Scholl ihr Abschlusszeugnis. In den theoretischen Fächern erhielt sie ein »Gut«, in den praktischen ein »Befriedigend«. Nun konnte sie überall als Kindergärtnerin und Hortnerin tätig sein. Etwas überrascht war sie jedoch über die Einschätzung ihrer Lehrerin, die als auffallendstes Merkmal ihre »Unberührbarkeit« anmerkte. Und in dem Moritat der Abschlussfeier hieß es, dass sie stets lustig aufgelegt sei, »nichts hatte sie jemals erregt«. Sie war »ein bisschen platt über das Bild, das ich solchen Leuten gebe.«

In der barocken Klosterkirche Mariä Himmelfahrt in Söflingen trafen sich Inge und Sofie mit Otl Aicher zum Orgelspiel. Es war die Kirche von Pfarrer Fritz Weiß, in der er immer wieder gegen den Nationalsozialismus predigte.

12. Kapitel

... jetzt erst können wir uns bewähren

Landschloss Krauchenwies

Im 18. und 19. Jahrhundert wurden in dem fürstlichen Landschloss Krauchenwies rauschende Feste gefeiert. Wer heute diese Anlage durchstreift und sich die verfallenen Gebäuden anschaut, ahnt nichts mehr von der einstigen Pracht und dem illustren Leben dort. Die Geschichte wie die Nutzung dieses Schlosses ist so wechselhaft gewesen wie die Zeit, die es durchlebt hat.

Mitte April 1940 wurde es vom Reichsarbeitsdienst übernommen und ab Mai des Jahres mit 55 »Arbeitsmaiden« belegt. Der weibliche Arbeitsdienst wurde 1931/32 als freiwillige Einrichtung geschaffen, um jungen arbeitslosen Frauen eine Beschäftigung zu bieten.

Die Nationalsozialisten nutzten den Arbeitsdienst, um zum einen billigen Ausgleich für die Arbeitskräfte zu haben, die durch den Krieg und die Rüstungsindustrie gebunden waren, aber auch zur ideologischen Erziehung, um so die Frauen auf ihre Rolle in der »Volksgemeinschaft« vorzubereiten. Seit Anfang 1934 war der Arbeitsdienst für alle weiblichen Abiturienten verpflichtend, von Mitte 1935 »für alle Deutschen beiderlei Geschlechts«, wobei erst seit Kriegsbeginn 1939 das Gesetz konsequent durchgesetzt wurde.

Als Sophie Scholl am 6. April 1941 im Schloss Krauchenwies ankam, waren dort 80 Mädchen untergebracht. Die Zimmer waren nüchtern ausgestattet und ungeheizt. Schon früh klagte Sophie über die Kälte. Um 6 Uhr wurden sie geweckt, nach dem Frühsport ging es zum Fahnenappell. Sie stellten sich im Kreis um den Fahnenmast, und während die Flagge gehisst wurde, sangen die Mädchen aus dem »Liederbuch für Arbeitsmaiden«. Auf das gemeinsame Frühstück folgte der Arbeitsdienst, anfangs im Lager, nach einiger Zeit dann im »Außendienst« bis 18 Uhr. Der gemeinsame Abend wurde mit Fortbildung in der Hauswirtschaft verbracht, aber auch mit Spielen, Volkstanz- und Brauchtumspflege und natürlich mit »weltanschaulicher Schulung« – im Anschluss Abendessen und Fahneneinholung. Danach war noch Zeit, um Briefe zu schreiben, Schuhe und Kleidung zu pflegen oder im Park spazieren zu gehen.

Anders als bei den jungen Männern galt bei den »Maiden« striktes Rauch- und Alkoholverbot. Männerkontakte wurden strengstens bestraft, der Kontakt zu den Familien wurde durch »Reisesonntage« klar geregelt. Kirchenbesuche waren untersagt. Nicht erlaubt war auch die Lektüre eigener Bücher einschließlich der Bibel. Sophie Scholl hatte in ihrem Gepäck den ›Zauberberg‹ von Thomas Mann, eine Zusammenstellung von Augustin-Texten und natürlich die Bibel. Auch ansonsten war sie nicht bereit, sich konsequent an die strengen Regeln zu halten. Sie versuchte auch hier, sich ein dickes Fell anzulegen und mit ihrer »Wurschtigkeit« irgendwie durchzukommen.

Unter all den Mädchen fand sich niemand, »der etwas Kultur hätte«, der Lieblingsgesprächstoff waren vor allem die Manner. Während die anderen Mädchen meistens unbeschwert und fröhlich waren, wirkte Sophie sehr ernst und distanziert. Sie wolle »unabhängig sein von Menschen und Dingen«, notierte sie in ihr Tagebuch. Sie wolle die äußere Anpassung auf das Nötigste beschränken und verordnete sich ein Durchhalte-Programm, das eine kalte Dusche am Abend vorsah und die konsequente Lektüre, notfalls auch unter der Bettdecke.

Manchmal aber ritt sie auch ihr »eckliges Teufelchen«. Einem Mädchen malte sie einen Bleistiftstrich auf die Wange, worüber diese sich heftig aufregte. Die Sehnsucht nach Ulm und der Familie war groß, in ihren Schrank hatte sie ein Foto vom Ulmer Münster geheftet und Aufnahmen von der Familie. »Es ist so ein heimatliches Gefühl, wenn ich die Spindtüre aufmache und Euch alle drinhängen habe.« Dort hob sie auch die verbotenen Bücher auf. Die Lagerführerin, Fräulein Recknagel, hatte ihr das empfohlen. Überhaupt war sie sehr freundlich zu ihr. Sophie durfte ins Büro, wo es angenehm warm war, und hatte dort Osterkarten zu zeichnen und eine Karte von Griechenland. Sie durfte sogar ohne Aufsicht nach Sigmaringen fahren, um dort Karton zu kaufen. Sie wusste das zu schätzen; dieser Tag war, so notierte sie, ihr schönster Tag bisher.

Anfang Mai 1941 begann der »Außendienst«, gemeint war die Arbeit in der Landwirtschaft. Acht Stunden war sie nun fort vom Lager. Sie empfand die Tä-

Sophie Scholl (unten rechts) bei ihrer Geburtstagsfeier 1941 im 7er-Schlafsaal in Krauchenwies

tigkeit auf dem Hof und dem Feld zwar als mühsam, aber auch als erdnah. »Die Arbeit tu ich gern und in dem ganzen Dreck des Hofes fühle ich mich ganz wohl und heimisch und löffle skrupellos mit allen aus einer Schüssel«, schrieb sie ihrem Bruder Hans. Kräftige, braune Arme bekam sie von der Landarbeit, stellte sie fest. Täglich fuhr sie über acht Kilometer durch einen lichten Wald zu ihrer Arbeitsstelle. Vermutlich war sie dort beim Ortsbauernführer eingesetzt. Abends trafen sich die »Arbeitsmaiden« unter dem großen Lindenbaum und fuhren zusammen wieder zurück ins Lager. Als sie schlafen ging, war sie von einem »wohligen Müdesein« erfüllt.

Im August 1941 kam Sophie Scholl zu einer Krauchenwieser Arbeiter- und Kleinbauernfamilie, um den Haushalt zu führen. Der Mann arbeitete in einer Munitionsfabrik und die Frau versorgte die kleine Landwirtschaft. Sophie Scholl kümmerte sich um das Haus und das fünf Monate alte Kind Wilhelm. Sie machte sauber, kochte, spülte, wusch und stopfte auch, dazu badete und fütterte sie das Kind. Zu dieser Familie entstand ein »sehr, sehr« herzliches Verhältnis. Selbst ihre freien Nachmittage verbrachte sie lieber mit dem Kind, anstatt im Lager zu sein. Sie fühlte sich wohl dort, und auch die ältere Schwester des Jungen, Josefine, erinnerte sich noch nach Jahren gerne an das ruhige nette Mädchen, das ein besonderes Talent im Umgang mit Kindern hatte.

Ihr liebster Aufenthalt in Krauchenwies war der weitläufige Park. »Heute abend war ich noch geschwind im Park«, notierte sie in ihr Tagebuch, »es war ein wunderbarer Abend. Das erste Mal fühlte ich mich hier wohl. Ich hätte gerne Fritz geschrieben, irgendwo auf einem Stein hockend.« Aber sie traute sich nicht, ein anderes Mädchen war noch dabei. Aber es gibt einen Briefentwurf von diesem 20. April 1941, den sie unter der Bettdecke verfasste. »Heute abend war ich eine halbe Stunde im Park, und hattest Du vor Monaten in dem Deinen Schneeglöckchen pflücken können, so finde ich jetzt ... Schlüsselblumen in ungezählten Mengen. Und in meinem Park standen da die Baumgruppen im Abendlicht, daß ich auf dem Heimweg rückwärts gegangen bin, um sie noch länger zu sehen. Der Frühlingshimmel, an dem hoch oben die Wolken wie weiße schlanke große Federn von irgendwelchen fremden Vögeln schwebten, und die tiefer hängenden waren ganz orange gefärbt von der untergehenden Sonne. Da wäre ich so gerne ein Stück

mit Dir gegangen, so sehr gerne ... Mein lieber Fritz, nun freue ich mich, wenn ich an Dich und mich denke und bin oft voller Hoffnung.«

Am 22. Juni 1941 überquerten die deutschen Truppen trotz des Nichtangriffpaktes und ohne vorhergehende Kriegserklärung die Grenze zur Sowjetunion. Das »Unternehmen Barbarossa« hatte begonnen, ein Vernichtungsfeldzug. Die Seiten mit den »Zehn Geboten für den deutschen Soldaten«, die unnötige Gewalt gegen Kriegsgefangene verhindern sollten, mussten aus den Soldbüchern gerissen werden. Stattdessen wurde von den Soldaten ein »rücksichtsloses und energisches Durchgreifen gegen bolschewistische Hetzer, Freischärler, Saboteure, Juden« gefordert. Daran beteiligten sich die SS, aber auch Teile der Wehrmacht.

Als Zeichen des Protestes rauchte Sophie Scholl hinterm Heuhaufen eine verbotene Zigarette, bevor es dann ins Lager ging, wo für ihr »geistiges Wohl« gesorgt werden sollte. Worin das bestehen würde, war am Tag nach dem Angriff auf Russland klar.

Als »Volk ohne Raum« war die überlegene Rasse der Germanen berechtigt, sich der Ressourcen des Ostens zu bedienen, was Land, Nahrung und auch Menschen betraf. »Heute habe ich so das Gefühl, als wäre es Zeit zum Schlussmachen mit dem R.A.D. Was blüht Dir in der nächsten Zeit?«, schrieb Sophie Scholl ihrem Bruder Hans. Und fügte dann ironisch hinzu: »Wir leben doch in einer interessanten Zeit.« Für sie war spätestens damit abgemacht, dass Deutschland den Krieg verlieren müsse und würde.

Fritz Hartnagel befand sich mit seiner Truppe in Weißrussland. Er war sehr ernüchtert von der Armut dort. Den Menschen war es gleich, unter wem sie leben mussten, sei es der Zar, die Bolschewisten und wer auch immer.

»Russland ist die Trostlosigkeit selbst, sowohl die Landschaft, wie auch die Menschen und ihre Behausungen. Die Gesichter, die einem an der Vormarschstraße begegnen, sind entweder voll Hinterlist und Grausamkeit oder durch Schmerz und Leid verzerrt. (...) Manchmal könnte es einem fast unheimlich werden in diesem Rußland, wenn man durch die riesigen Sümpfe und Wälder fährt auf den endlosen und grundlosen Sandwegen, wenn die Hütten immer armseliger werden und die Bewohner immer lumpiger und schmutziger, und man fragt sich unwillkürlich, wie sollen wir da nur wieder zurückkommen; dabei haben wir noch einen weiten Weg vor uns.«

Auf die Bitte Sophies nach einem »russischen Kostüm« musste er ihr antworten: »Die russischen Frauen tragen meistens nur einen schäbigen Rock, etwa wie eine Hemdschürze, und wenn es kälter ist darüber eine dickgefütterte verdreckte und zerfetzte Jacke, deren ursprüngliche Farbe man meistens nicht mehr feststellen kann. Die einzige ›Tracht‹, die es hier gibt, ist ein gewöhnliches Kopftuch.«

Neben den Spaziergängen im Park fand Sophie Scholl Entspannung beim Orgelspiel. Dabei holte sie beim Pfarrer der katholischen Laurentiuskirche den Schlüssel. »Wie schön ist es, so allein in der Kirche (allmählich lerne ich sie verstehen) zu spielen und zu singen«, stellte sie fest. In Gisela Schertling fand sie eine Kameradin, mit der sie vierhändig auf der Orgel Bach und Händel spielte. Es waren für Sophie wichtige Stunden des Ausgleichs, »ein wertvoller Gegensatz zu dem ganz anderen Treiben«. Ihrer Freundin Lisa schrieb sie: »Musik bringt es am ehesten fertig, mein stumpfes Herze in Aufruhr zu bringen.« Und so oft es möglich war, liehen sich die beiden den Schlüssel für die Kirche aus.

Am Karfreitag hatte sie die Sehnsucht, in eine Kirche zu gehen, »nicht in die evangelische, wo ich kritisch den Worten des Pfarrers zuhöre. Sondern in die andere, wo ich alles erleide, nur offen sein muß und hinnehmen.« Aber sie zweifelte und schrieb dazu: »Ob dies aber das rechte ist?« Später wird sie in die Kirche zur Frühmesse gehen, obwohl das streng untersagt war. Und sie wird in der Bibel lesen, was auch verboten war. Außerdem versorgten Freunde und Geschwister sie immer wieder mit – verbotenen – Büchern. Selten zuvor waren sie ihr so wichtig wie in dieser Zeit.

Sobald würde der Krieg nicht zu Ende sein. Der Vormarsch der Wehrmacht im Osten war ins Stocken geraten. Die russische Armee wehrte sich »zäh und verbissen«. Fritz Hartnagel graute davor, den Winter in Russland verbringen zu müssen. Und er bedauerte »das Los der Bevölkerung, die nichts zu essen hat«. Dass der Krieg seinen Tribut einforderte, war auch in der Heimat immer deutlicher zu spüren. Immer mehr Menschen waren von seinen Auswirkungen betroffen. So sollte sich nun an den Reichsarbeitsdienst noch eine sechsmonatige Kriegsdienstpflicht anschließen. Sophie Scholl war von dieser Nachricht erschüttert. Am 2. August 1941 schrieb sie ihrem Bruder Hans: »Ich bin gewillt, jede einigermaßen erträgliche Krankheit oder sonst etwas auf mich zu nehmen, was mich von diesem Schicksal befreit. Überleg Dir auch, was ich tun könnte.« Sie klagte: »Ich werde ein altes Weib, bis ich zu studieren anfangen kann.« Sophie empfand es als bittere Ungerechtigkeit, in einer solchen vom Weltgeschehen ganz ausgefüllten Zeit zu leben. Aber vielleicht sei es deshalb gerade jetzt ihre Aufgabe, »nach Außen und mit der Tat zu wirken«, wenn auch im Moment »die ganze Aufgabe darin zu bestehen scheint, zu warten«. Ihr fiel ein Goethe-Zitat ein: »... der Mensch, der zur schwankenden Zeit auch schwankend gesinnt ist, der vermehret das Übel und breitet es weiter und weiter. Es kommt ja auf den Willen an«, erkannte sie.

Kirchturm von St. Laurentius in Krauchenwies

»Ich glaube, jetzt erst können wir uns bewähren – bewahren.« Für einen Moment überlegte sie, Medizin zu studieren, um den Kriegshilfsdienst zu umgehen. Auch Fritz war besorgt. Wenn er könnte, würde er ihr den Dienst abnehmen, denn ihm »würde es nicht so viel ausmachen, aber Du musst fliegen können, wohin Dein Herz Dich führt, sonst bist Du keine Sofie mehr«.

Am 27. August 1941 stellte der Vater für Sophie ein Gesuch zur Entlassung aus dem Reichsarbeitsdienst. Dem Antrag war ein ärztliches Gutachten beigefügt. Die Gesundheit der Mutter war angeschlagen. Sie litt unter Magen- und Darmstörungen sowie Abmagerung, dazu hatte die Familie Mitte August ein Ferienkind aus Flandern aufgenommen. Die Mutter konnte die Arbeit nicht mehr schaffen. An ihren Sohn Werner schrieb sie, »dass sie an manchen Tag gar nicht mehr in die Bibel schaue«. Die fromme und treu sorgende Frau war an die Grenzen ihrer Kräfte angelangt. Dennoch, der Antrag wurde abgelehnt, stattdessen wurde der Tochter vierzehn Tage Sonderurlaub eingeräumt, um Zuhause helfen zu können.

»Jetzt bleibe ich noch ein halbes Jahr in der Zwangsjacke, eigentlich hätte die Zeit bis jetzt schon genügt, um meine Abscheu und Verachtung ganz reifen zu lassen«, schrieb sie ihrem Bruder Hans. Das Erleben der Natur gab ihr die Gewissheit, das da eine andere Wirklichkeit existiert, die ihr ein Gefühl von Stärke und Freiheit gibt.

Otl Aicher hat geschrieben, die Natur sei ein Schemel für den Menschen, um zu Gott zu gelangen, und würde, wenn sie ihren Zweck erfüllt hätte, wieder ins Nichts versinken. Daran musste Sophie Scholl denken, »wie mein Blick durchs Fenster auf den gegenüberliegenden Berg fällt mit den leicht verschneiten Feldern und dem winterlichen Himmel hinter dem kahlen Wald. Ich finde es traurig, daß dieses alles einmal nicht mehr sein soll, ich finde es unvorstellbar. Wenn es doch schön und gut ist, warum soll es dann einmal nicht mehr sein? Ich freue mich jeden Morgen an der reinen Luft und dem Himmel, in dem noch Mond und Sterne schwimmen, und wenn es anfänglich auch eine ungerechte Freude ist, weil ich mich vielleicht manchmal berauschen kann, so wird sie doch gut, da sie mir wieder einen richtigen Maßstab gibt (das ist dann wieder traurig für mich, aber ich bin doch froh, denn sonst würde ich doch leicht das Wesentliche übersehen). – Ich finde es fürchterlich, wenn man etwas schafft und es nachher dem Nichts wieder gibt. Und Bäume und Blumen und Tiere sind doch auch geschaffen und haben einen Hauch von Geist.«

10.12.1941 an Otl Aicher

13. Kapitel

Gib meinen Augen Licht

Nach dem kurzen Aufenthalt in Ulm, um dort im Haushalt die Mutter zu unterstützen, ging es für Sophie Scholl Anfang Oktober 1941 in die RAD-Unterkunft nach Blumberg. Von dort radelte sie zunächst in das Dorf Fürstenberg, wo sie einen Kindergarten alleine leitete.

Im 17. Jahrhundert wurde in Blumberg Eisenerz abgebaut, darauf besannen sich die Nationalsozialisten, als sie vom Erz-Import unabhängig werden wollten. Hermann Göring erklärte: »Ich werde rücksichtslos vorgehen und gesetzliche Bestimmungen erlassen, daß Eisen aus der deutschen Erde in größtmöglichem Umfange herausgeholt wird.« Ein abschreckendes Beispiel dieses rigorosen Vorgehens ist Blumberg. Mitte der 30er-Jahre verzehnfachte sich die Bevölkerung binnen kurzer Zeit, die Siedlungen wurden aus dem Boden gestampft. In den Stollen arbeiteten vor allem Kriegsgefangene und Straftäter.

Vom 7. Oktober an war Sophie Scholl in einem Kindergarten der ›Nationalsozialistischen Volkswohlfahrt‹ eingesetzt. Ihrem Bruder Hans schrieb sie darüber: »Ich arbeite hier im Kinderhort, bei Schulkindern, deren Eltern zu 60 % vorbestraft sind«, aber sie »sind jedoch für einen Vergleich mit meinen Vorgesetzten noch viel zu gut«. Als sie den Kindern die Geschichte vom Nikolaus erzählte, lachten sie nur darüber. Bei den »40 ungezogenen Schulkindern« war es nur mit Mühe möglich, Ordnung zu halten – sie könne »Gallensteine darüber kriegen«, klagte sie. Abends war sie dann so geschafft, dass sie kaum etwas schreiben konnte. Von einem Sonntag zum anderen lebte sie.

Der 1991 in Blumberg eröffnete Kindergarten erinnert an Sophie Scholl.

In Blumberg-Zollhaus besuchte sie Hildegard Schüle, die sie aus Krauchenwies kannte. Sie wohnte gegenüber einer Kapelle, die Sophie Scholl immer wieder aufsuchte. Manchmal spielte sie: dort das Harmonium, bisweilen aber brauchte sie einfach die Stille, um zu sich zu kommen und zu Gott. Er schien ihr oft so unendlich weit fern. Wie konnte sie zu ihm kommen, konnte sie vor ihn treten? »Ich würde so gerne an Wunder glauben. Ich würde so gern glauben, dass ich durch das Ge-   131 bet Kraft bekomme. Allein kann ich nichts.« Für einen Moment kniete sie, als evangelische Christin war das für sie ungewohnt, und sie schämte sich, sollte Hildegard Schüle reinkommen. Vielleicht war es auch falsche Scham. Könnte sie den Weg zu Gott erzwingen durch die Sehnsucht oder die Hiingabe ihrer Seele? Sie spürte: »Es gehören viele Schritte, viel allerwinzigste Schritte dazu, und es ist ein sehr langer Weg.« – »O, es war doch im Grunde ein Wollen zu Gott.«

Kapelle Mariä Heimsuchung in Blumberg-Zollhaus von 1908/09

Für ihren Bruder Hans hatte sie einen wunderbaren Beweis für die Existenz Gottes. Die Menschen benötigen Luft, um zu leben und mit der Zeit ist sie verbraucht: »Aber, um den Menschen diese Nahrung für ihr Blut nicht ausgehen zu lassen, haucht Gott von Zeit zu Zeit einen Mund voll seines Atems in unsre Welt, und der durchsetzt die ganze verbrauchte Luft und erneuert sie.« Die Schöpfung sei voller Harmonie, aber der Mensch, der eigentlich in Fäden mit ihr verbunden sei, zerstöre sie. Wie oft hat sie sich an der Schönheit der Welt gefreut, aber der Mensch, so bemerkt sie bitter, sei hässlich. »Man sollte gute Augen haben, um alle die wunderlichen Einzelheiten sehen zu können«, schrieb sie ihrem Freund Fritz. Am liebsten würde sie sich auf die Erde legen, um den kleinen Geschöpfen so nahe zu sein und eins von allen zu werden.

Sie las in der ›Theodizee‹ des Philosophen Leibniz wie auch in dem Buch ›Schöpfer und Schöpfung‹ von Theodor Haecker. Die Frage nach der Gerechtigkeit Gottes wühlte sie auf. »Wie kann ich glücklich sein, wenn ich Brüder unglücklich weiß?« Ein Satz aus Bernanos' ›Landpfarrer‹, den sie gemeinsam gelesen hatten, ging ihr durch den Sinn: »Die ewige Verdammnis ist das Nicht-mehr-lieben-Können.« Sie konnte die Liebe Gottes nicht verstehen. Ihr Suchen und Sehnen endete immer wieder an dieser Grenze.

Als einzigen Weg sah sie das Gebet, aber ihr zerfielen die Worte. Sie musste um das »Betenkönnen« beten. Es ist die Bitte, die einer der Jünger an Jesus richtete: »Herr, lehre uns beten.« Er ist der einzige »Mensch, der es fertiggebracht« hat, »ganz gerade den Weg zu Gott zu gehen.« Gegen die Gottesferne helfe »nur das Gebet, und wenn in mir noch so viele Teufel rasen, ich will mich an das Seil klammern, das mir Gott in Jesus Christus zugeworfen hat, und wenn ich es nicht mehr in meinen erstarrten Händen fühle.«

In ihrem Ringen mit Gott und ihrer Unruhe begegnete ihr ein Ausspruch des Kirchenvaters Augustin: »Zu dir hin, o Gott, hast du uns erschaffen, und unruhig ist unser Herz, bis es ruht in dir.« Sie fand diese Stelle in den ›Bekenntnissen‹ des Theologen, dessen Texte sie jeden Tag stückweise las.

Wenn Sophie Scholl einen Mensch liebte, dann schloss sie ihn in ihr Gebet ein. In ihr Tagebuch schrieb sie: »Ich liebe ihn um Gottes willen, was kann ich Besseres tun, als mit dieser Liebe zu Gott zu gehen?« Auch wenn sie diese Liebe nicht begreifen konnte – und wer kann ehrlicherweise dieses Geheimnis Gottes schon ergründen? –, so bekam sie »Ehrfurcht vor dem Menschen, weil Gott seinetwegen herabgestiegen ist«. Und sie schrieb es für sich, vor allem für sich, weil sie immer wieder über ihre Arroganz, ihren »Hochmut« erschrocken war: »Ja, das soll man immer bedenken, wenn man es mit anderen Menschen zu tun hat, daß Gott ihretwegen Mensch geworden ist.«

»Gib Licht meinen Augen, oder ich entschlaf des Todes, und mein Feind könnte sagen, über den ward ich Herr.« (Psalm 13,4) Dies war der Lieblingsvers der Geschwister und ihrer Freunde, er war Bitte und Zusage zugleich. Sie vertraute darauf, dass in dieser unerlösten

Mein Gott, ich kann nichts anderes als stammeln zu Dir. Nichts anderes kann ich, als Dir mein Herz hinhalten, daß tausend Wünsche von Dir wegziehen. Da ich so schwach bin, daß ich freiwillig nicht Dir zugekehrt bleiben kann, so zerstöre mir, was mich von Dir wendet, und reiß mich mit Gewalt zu Dir. Denn ich weiß es, daß ich nur bei Dir glücklich bin, ach, wieweit bin ich weg von Dir, und das beste an mir ist noch der Schmerz, den ich darüber empfinde. Doch ich bin so tot und stumpf oft. Hilf mir, einfältig werden, bleibe bei mir, o, wenn ich einmal Vater sagen könnte zu Dir. Doch kann ich Dich kaum mit »DU« anreden. Ich tue es, in ein großes Unbekanntes hinein, ich weiß ja, daß Du mich annehmen willst, wenn ich aufrichtig bin, und mich hören wirst, wenn ich mich an Dich klammere. Lehre mich beten. Lieber unerträglichen Schmerz als ein empfindungsloses Dahinleben. Lieber brennenden Durst, lieber will ich um Schmerzen, Schmerzen, Schmerzen beten, als eine Leere zu fühlen, eine Leere, und sie zu fühlen ohne eigentliches Gefühl. Ich möchte mich aufbäumen dagegen.

Sophie Scholl, Tagebuch 29.6.1942

Welt am Ende nicht die »Herrschaft der brutalen Gewalt« siegen werde, sondern der Geist. »Ja, wir glauben an den Sieg des Stärkeren, aber der Stärkeren im Geist.«

Im Oktober 1941 wurde deutlich, dass der Plan, die Sowjetunion vor dem Einbruch des Winters zu besiegen, scheiterte. Auf diese Situation war die Wehrmacht nicht vorbereitet. Das Kriegs-Winterhilfswerk sammelte für die Soldaten Wollsachen aller Art. Die Familie Scholl reagierte entschieden: »Wir geben nichts.« Fritz Hartnagel war entsetzt, ihm standen die Kameraden vor Augen. Für Sophie Scholl aber war die Entscheidung eindeutig. Wer gegen das nationalsozialistische System war, musste auch dafür sein, dass dieser Krieg mit einer Niederlage Deutschlands endet.

Im November besuchte Eugen Grimminger, den Robert Scholl noch aus früherer Zeit kannte, die Familie Scholl. Seine Frau Jenny war Jüdin und seine Schwägerin, eine Witwe mit vier Kindern, bekam die Aufforderung zur Deportation. In München, so wusste Hans, waren die Juden schon eine Woche zuvor abgeholt worden. Am 28. November 1941 wurden die ersten zwanzig Ulmer Juden am Schwörhaus abgeholt und in den Osten verschleppt, entweder in den Wäldern Rigas erschossen oder sie kamen im Getto um. Die Möbel der Deportierten wurden in einer gut besuchten Auktion in Ulm zum Kauf angeboten.

»Ich glaube, jetzt beginnt sich der Krieg mächtig auszuwirken, in jeder Beziehung«, schrieb Sophie Scholl ihrer Freundin Lisa Remppis im August 1941. »Hans famuliert in München-Haching, Werner ist in Frankreich, in der Nähe von Brest, Fritz ist in Rußland ...« Der Krieg hatte den Kreis der Freunde in alle Richtungen verstreut. Da hatte Otl Aicher die Idee eines Rundbriefes, den er »Windlicht« nannte. Es sollte dem Austausch dienen. Jeder konnte etwas beitragen, sei es ein Zitat oder Gedicht, eine Buchbesprechung oder eine Zeichnung, aber auch Aufsätze. Otl schickte Sophie seinen Artikel über Philosophie zu, damit sie ihn durchsah. Er ermunterte, ja drängte sie geradezu, viele Aufsätze zu schreiben. Es war ihr oft zu viel, wenn sie abends erschöpft ins Bett fiel. In ihren Aufzeichnungen finden sich Gedanken über die Natur und die Musik, die sie wohl für den Rundbrief verfasst hat. Dazu sollte sie noch eine Zeichnung für den Umschlag der Weihnachtsausgabe anfertigen. Auch dafür fehlte ihr die Kraft.

Überraschenderweise bekam Fritz Hartnagel den Auftrag, in Weimar eine Nachrichteneinheit für Nordafrika zusammenzustellen. So konnten sie sich treffen. Der Freund besorgte billige Ringe, so dass sie sich als verlobtes Paar ausgeben konnten. Er studierte aufmerksam die Bücher, die ihm Sophie empfahl. Dazu las er auch die Bibel und er fand zum Gebet. Ihm wurde es dabei zur Gewissheit, dass er in Sophie zugleich Gott liebt.

Als sie sich in Augsburg trafen, kam es zu körperlicher Nähe und wohl auch zum Geschlechtsverkehr. Das löste bei seiner Freundin Schuldgefühle aus. Er konnte nicht glauben, dass das Schwäche sei und fragte: »Ist es nicht eigentlich Gottes Liebe, die in uns wirkt?« Sophie haderte mit sich. Ihr fehle die Kraft und der Mut zur Umkehr. Sie schwankte zwischen Lust und Traurigkeit. »Mir bleibt die Traurigkeit, die Unfähigkeit und Ohnmacht, und eine geringe Hoffnung.« Und zugleich hing sie an Fritz, liebte ihn und fühlte sich für ihn verantwortlich. »Daran will ich denken, wie er, eine Stufe unter mir, nachts im Treppenhaus in meine Hände geweint hat, wie etwas in ihm zerbrochen ist, wie er vor Jammer laut geschluchzt hat. Daran will ich denken, wie lieb er mich hat, wie er sich stumm gewunden hat unter meinen tausend teuflischen Einfällen ... Ich habe ihn umarmt, er aber hat mich geliebt ...«

In allem merkte Sophie Scholl auch, dass ihr Freund ihr intellektuell nicht gewachsen war. Als ebenbürtiger Gesprächspartner muss ihr dagegen Otl Aicher erschienen sein, der, philosophisch wie theologisch geschult, großen Einfluss auf die Gruppe ausgeübt hat. Im März 1942 wurde er an die russische Front abkommandiert, als Zwischenstation diente das Elsass. In Straßburg trafen sich die beiden in einem kleinen Gasthof. Sie sprachen den ganzen Abend, die ganze Nacht bis in den Morgen, und weil es im westfälischen Bistum keine Einzelzimmer gab, lagen sie in dem großen Bett und kuschelten sich aneinander. Am nächsten Tag brachte er sie zum Bahnhof, durch den Regen fuhr er mit dem Fahrrad wieder zurück. Seltsam hat es Inge berührt, die doch mit ihm eng befreundet war, dass er Sophie eines Tages ein Bild von sich schenkte. Sie gab es an die Schwester weiter. Viele Jahre später schrieb Otl Aicher 1985 über dieses Treffen in Straßburg – es ist eine Hommage an diese bemerkenswerte Frau, die er so sehr schätzte.

> sophie war stiller als ihre Schwester inge und vielleicht ebenso schüchtern wie ich. ich hatte sie deshalb auch nicht so verachtet und ignoriert wie ihre dominierende Schwester, als sie die obskuren braunen westen des bundes deutscher mädchen trugen, die rolle der führerin gehörte inge. sophie war dagegen eher selbstbewußt und genügte sich in einem fast extremen rigorismus.
>
> *Otl Aicher, Innenseiten des Kriegs (1985)*

Durch Otl Aicher lernte Sophie Scholl auch Professor Carl Muth kennen. Der katholische Gelehrte gehörte der »Renouveau catholique« an und gab seit 1903 die Zeitschrift »Hochland« heraus, die religiöse und kulturgeschichtliche Themen behandelte. Dichter und Gelehrte schrieben in ihr, Katholiken wie auch Protestanten und Juden. Von 1933

Carl Muth

an versammelte sie unter ihrem Deckmantel auch Gegner des Nationalsozialismus. 1941 wurde die Zeitschrift verboten. Otl vermittelte den Kontakt zwischen Carl Muth und Hans Scholl. Er durfte die große Bibliothek in dessen Villa in München-Solln ordnen. Muth wurde zum Mentor der Gruppe um Aicher. Er empfahl Literatur, stellte Kontakte zu anderen katholischen Schriftstellern und Theologen her und versorgte den Kreis mit Büchern. Lina Scholl schickte im Gegenzug dem Gelehrten, der unter Diabetes litt, frische Lebensmittel.

Sophie wurde beauftragt, für eine Kiste mit Äpfeln zu sorgen, wofür er sich mit einem Brief freundlich bedankte. Sie war von seiner Antwort gerührt: »Er muß ein sehr gütiges Herz haben, daß solche kleinen Menschen, die ihn nur durch ein ganz äußerliches Geschäft berühren, Platz darin finden.«

Inge Scholl hatte schon früh den Verdacht, dass Otl Aicher die Geschwister zur Konversion zum Katholizismus bewegen wollte. Carl Muth bestärkte ihn darin, empfahl aber, »das langsam Reifende nicht zu schneller Entfaltung zu treiben«. Über die Mutter schrieb er, sie »ist mit ihrer frühen Jugend und dem Diakonissenleben noch so verknüpft, dass es noch größerer Erschütterung braucht, wenn sie den Kindern folgen sollte, falls diesen die Gnade der Heimkehr zur Una Sancta zuteil werden sollte.« Über Hans urteilte er, dass er mit dem Kopf so weit wäre, aber das Herz dem noch nicht folgen würde. Und Sophie? Sie habe für ihn »immer ein wenig Undurchschaubares«.

Waldemar Gabriel, mit dem sich Sophie Scholl vom 12. Februar 1942 schrieb, vermutete in seiner Briefpartnerin zunächst eine Katholikin, bis sie ihm von ihrer evangelischen Prägung berichtete. Eigentlich wollte er Dorfschullehrer werden, aber gegen seinen Willen wurde er Soldat und bildete nun als Reserveoffizier Rekruten aus. »Ich glaube, wir nennen uns am besten Christen und Gottsucher, dann stehen wir auf gleichem Boden.« So kam es zwischen den beiden, der schwäbischen Protestantin und dem Katholiken aus dem Saarland, zu einem offenen Gedankenaustausch über Kunst und Religion. »Es ist aber umso schöner, daß wir aus der Gegensätzlichkeit zu der gleichen Richtung gekommen sind, ein persönliches und selbständiges Gottesverhältnis zu gewinnen«, schrieb er ihr. Nur einmal trafen sie sich, da war er zu Besuch in Ulm. Sophie Scholl selbst hat ihre Briefe »Zwiesprache der Seele« genannt und ihrem Gegenüber einen Einblick in ihre Gedanken gegeben.

Als Sophie Scholl wieder einmal zu Hause war, fand sie die Abschrift einer Predigt des Bischofs Clemens von Galen vor. Jemand hatte sie in den Briefkasten der Familie gesteckt. In drei mutigen Predigten hat sich der katholische

Denkmal für Bischof von Galen in Münster

Geistliche im Sommer 1941 entschieden gegen den Nationalsozialismus und die Euthanasie gewandt. Sie wurden aufgeschrieben und verteilt, im westfälischen Bistum Münster und darüber hinaus. In Ulm war es ein Mitschüler von Hans Hirzel, der Bruder von Sophies Freundin Susanne, der sie heimlich bei den Scholls in den Briefkasten warf.

Gerne hätte Sophie Scholl in den Weihnachtstagen ihrebegingenndin Lisa Remppis getroffen, aber sie wollte die Tage mit ihrem Freund verbringen. Sophie fühlte sich gekränkt; denn Lisa war der Mensch, dem sie am meisten vertraute.

Die Geschwister Scholl waren während der Jahreswende 1941/42 zusammen in der Coburger Hütte auf fast 2 000 Metern Höhe. Mit dabei waren zwei Freundinnen von Hans, Ulla Claudius und Traute Lafrenz, sowie Wulfried Muth, ein Enkel von Professor Muth. Sie lasen den Briefwechsel zwischen dem Dichter Paul Claudel und dem Journalisten Jacques Rivière, der mit der Konversion des evangelischen Revière zum Katholizismus endete.

Das »Windlicht« wurde zu einem Forum für den Austausch der Freunde untereinander, das erste Exemplar erhielt Fritz Hartnagel. Inge bot sich an, die Hefte abzutippen. Da ging Hans zum ersten Mal der Gedanke eines Vervielfältigungsapparates durch den Sinn. Mit einer ganzen Reihe Ausgaben des »Windlichtes« kam Inge am 16. Februar 1942 von München nach Ulm. Auf dem Münsterplatz sah sie ihren Vater in Begleitung eines Gestapobeamten. Er war auf dem Weg zu einer Vernehmung. Seine Mitarbeiterin hatte ihn denunziert. Robert Scholl hatte Hitler die »größte Gottesgeißel« genannt. »In zwei Jahren ist Deutschland ein Chaos und die Bolschewisten haben Berlin besetzt«, prophezeite er. Die Mutter ließ sich den Mut nicht nehmen: »Wir stehen geschlossen bei Vater und untereinander, es mag kommen, was will.« Die Familie hielt zusammen – »allen Gewalten zum Trotz«.

Im März 1942 bekam Fritz Hartnagel die Nachricht, dass er nach Russland muss. Noch auf dem Bahnhof schrieb er seiner Freundin: »Ach Sofie, Du bist für mich das Fensterchen, durch das ich in eine andere Welt schaue, mach es mir auf, so weit und so oft Du's kannst.« Für Sophie Scholl ging die Zeit in Blumberg versöhnlich zu Ende, die Mädchengruppe, die sie zuletzt betreute, hatte sie lieb gewonnen, wie auch umgekehrt. »Das ist für mich ein glückliches Gefühl, daß ich so abschließen kann«, sagte sie rückblickend.

Für Sophie Scholl hatte sich vieles geklärt. Ihren Freund bat sie um 1 000 Reichsmark, später auch noch um einen Stempel auf dem Berechtigungsschein für einen Vervielfältigungsapparat. Den Eltern schrieb sie, dass sie sich riesig freue und: »Ich bin zu allem bereit.«

14. Kapitel

... wir sind euer böses Gewissen

Siegestor, München 1942

Ende April kam Sophie Scholl nach München. Traute Lafrenz, die sie schon von der Coburger Hütte kannte, holte sie vom Bahnhof ab. Sie studierte wie Sophies Bruder Hans Medizin in München. Begonnen hatte Traute ihr Studium in Hamburg, wo sie auch geboren war. Zur Schule ging sie in die bekannte Lichtwarkschule, die den Nationalsozialismus ablehnte. Vor allem ihre Klassenlehrerin Erna Stahl prägte sie. Die engagierte Pädagogin lehnte den Hitlergruß konsequent ab, sie unterrichtete das Fach »Kulturkunde«, in dem sie Deutsch, Geschichte und Religion vereinte. Aus diesem Unterricht sind Leseabende hervorgegangen. Als »Geschenk für das

Leben« bezeichnete Traute Lafrenz diese Zeit. Im Mai 1941 wechselte sie von Hamburg nach München. Eine kurze Zeit war sie mit Hans Scholl liiert, wobei sie es war, die die Beziehung aufgelöst hat.

»Die 150 km, die zwischen Ulm und München liegen, verändern mich ... so rasch, daß ich selbst erstaunt bin. Ich werde von einem harmlosen ausgelassenen Kind zu einem auf sich gestellten Menschen«, schrieb Sophie Fritz Hartnagel. Im April 1942 wohnte sie noch bei den Eltern, half der Mutter im Haushalt und ging dem Vater im Büro zur Hand. Ihrer Freundin Lisa

Traute Lafrenz

Remppis berichtete sie von der Osterliturgie in der katholischen Kirche in Söflingen. Sie hatte ein Bedürfnis nach dieser Art des erlebbaren Gottesdienstes, der eben nicht einem Vortrag gleicht wie die Predigt in der evangelischen Kirche.

Sie bedauert, dass sie, obwohl sie früh aufgebrochen war, nicht dabei war, als Feuer aus dem Stein geschlagen worden ist, um die Osterkerze zu entzünden.« »Dieses Schauspiel wird ja ein tiefes inneres Erlebnis, wenn man den Glauben hat.« Aber sie hat Hemmungen, ihr geht es wie in der Blumberger Kapelle, als sie knien möchte, sich aber nicht traute. Nie ist sie »ungeteilt« dabei, »wenigstens jetzt noch nicht«.

Anfangs wohnte sie bei Professor Muth in München-Solln, der die junge Studentin gerne bei sich aufnahm. Als ein »sehr innerliches und ernstes Mädchen«, beschrieb er sie Otl Aicher gegenüber. Schon bald aber konnte sie zu Hans in die Lindwurmstraße nahe dem Sendlinger Tor ziehen.

Ihren einundzwanzigsten Geburtstag feierte Sophie Scholl nun in München. Ob in einer der Studentenbuden, am ehesten bei Hans, oder etwa im Bodega, was schon bald ihr Lieblingsrestaurant war, sie begingen diesen Tag gewiss angemessen. Dabei lernte sie wohl auch die Freunde ihres Bruders kennen. Gisela Schertling kannte sie ja aus Krauchenwies, mit ihre hatte sie dort in der Kirche gemeinsam Orgel gespielt. Sie war nun mit Hans liiert. Traute Lafrenz war sicher auch dabei.

Auf jeden Fall aber Alexander Schmorell, der von seinen Freunden Schurik genannt wurde. Er kannte Traute von Hamburg her, wo beide mit dem Medizinstudium begonnen hatten. Geboren wurde er in Russland, wo seine Vorfahren einen Pelzhandel betrieben, und da seine Mutter die Tochter eines russisch-orthodoxen Priesters war, wurde er auch orthodox getauft. Schon früh starb die

Alexander Schmorell

Mutter. Der Vater heiratete wieder und ging mit seiner Frau nach München, allerdings kam das russische Kindermädchen mit nach Deutschland und zog den Sohn auf, der nun zweisprachig heranwuchs. Wie der Vater studierte auch der Sohn Medizin, zunächst in Hamburg und dann ab September 1940 in München. Lieber wäre er Bildhauer geworden. So beschäftige er sich nebenher mit Kunst, besuchte die Kunstschule »Die Form« und nahm Privatunterricht bei dem Bildhauer Max Baur, einem erklärten Gegner des Nationalsozialismus. In der Villa seines Vaters in München-Harlaching richtete er sich ein Atelier ein. Dorthin kam dann auch Sophie Scholl zum Zeichnen.

Alexander Schmorell war ein attraktiver Mann, er ritt gerne und war ein begeisterter Schwimmer und Fechter. Im Glauben der russisch-orthodoxen Kirche erzogen, war bei ihm eine tiefe Sehnsucht nach Russland spürbar, nach Freiheit, »nach dem Wanderleben, nach dem Unsteten, Erlebnisreichen«. So beschrieb ihn sein Freund Christoph Probst, mit dem er in München das Realgymnasium besucht hatte. Seinen Militärdienst leistete er bei der Reitenden Artillerie, wo er schon früh mit dem Nationalsozialismus in Konflikt kam. Er hasste im Grunde alles Militärische und jeglichen Zwang und Drill. Einer Freundin schrieb er:

»Nichts ist schöner als die Freiheit des Gedankens und die Selbständigkeit des eigenen Willen, wenn man sich nicht fürchtet. Hier versucht man, uns sie zu rauben und sie uns vergessen zu machen oder mich von ihr zu trennen, aber das wird ihnen nicht gelingen.« Hans Scholl und er verstanden sich auf Anhieb, beide waren gesellig und tauschten sich gerne aus.

Völlig überraschend besuchte Fritz Hartnagel seine Freundin eine Woche später. Seine Kompanie machte sich auf den Weg von Frankreich nach Russland. Am 18. Mai 1942 immatrikulierte sich Sophie an der Ludwig-Maximilians-Universität München für die Fächer Biologie und Philosophie. Zwar sahen die Nationalsozialisten die Frauen vor allem als Ehefrauen und Mütter, die sich um Haushalt und Kindererziehung zu kümmern hatten, aber der Mangel an Akademikern führte dazu, dass der Anteil der Studentinnen an den deutschen Universitäten doch beträchtlich war. Im Jahr 1942 betrug er immerhin 42 Prozent.

Ab Juni bezog Sophie Scholl dann ihr eigenes Studentenzimmer. Es lag an der Mandlstraße, ganz in der Nähe der Universität. Es war schlicht eingerichtet: ein Schrank, ein Tisch und ein Regal für Bücher. Über der Couch lag eine orangefarbene Decke. Der Blick ging aus dem Fenster nach draußen.

»Ich glaube, es wäre ganz fein, wenn wir zusammen studieren könnten, denn ich werde mich vor Hans nicht gehen lassen ... Das ist doch das beste Erziehungsmittel«, schrieb Sophie einmal ihrer Freundin Lisa Remppis. Allerdings war ihr durchaus bewusst, in welche Welt sie durch ihn eintrete. »Er taumelt rastlos von einem zum anderen und sucht bei ihnen, was er vielleicht bei sich selbst suchen sollte«, schrieb sie der Freundin Erika Reiff. Hans war mit ihr einmal befreundet gewesen, aber Treue zu seinen Freundinnen zeichnete ihn nicht unbedingt aus. Trotzdem, die Frauen liefen ihm nach. Er war geistreich, hatte Humor und konnte Menschen begeistern und für Ideen gewinnen. Er knüpfte Kontakte und führte Menschen zusammen und in diesen Sog geriet auch seine Schwester Sophie. Gemeinsam besuchten sie Konzerte und veranstalteten Leseabende, gingen wandern oder fuhren an die See.

Carl Muth machte sie mit einer ganzen Reihe von katholischen Gelehrten, Schriftstellern und Philosophen bekannt. Sein Nachbar war der Dichter Werner Bergengruen, der eng mit Muth befreudet war. Ebenfalls lernten sie durch ihn die Schriftsteller Sigismund von Radecki und Theodor Haecker kennen sowie den Kultursoziologen Alfred von Martin. Sie alle waren irgendwann vom Protestantismus zum Katholizismus konvertiert. Ferner kam noch Josef Furtmeier hinzu, allerdings ein scharfsinniger Kritiker der katholischen Kirche, den sie respektvoll den Philosophen nannten. Sie alle verband ihre radikale Ablehnung des Nationalsozialismus. Sie waren kluge Gesprächspartner und engagierte Mentoren der jungen Studentinnen und Studenten, trafen sich mit ihnen zu Diskussionen oder ließen sich zu Leseabenden einladen. Es war ein ständiger und lebendiger Austausch, der an die zentralen

Fragen ihrer religiösen und politischen Existenz rührte. Über Alfred von Martin wurde Hans mit dem Architekten Manfred Eickemeyer bekannt. Er hatte ein Atelier in der Leopoldstraße, und da er auch ein Büro in Krakau unterhielt und dort Aufträge bekam, war er oft in Polen und stellte die Räumlichkeiten Hans und seinen Freunden zur Verfügung – der ideale Treffpunkt für Lesungen und Diskussionsabende.

Von Manfred Eickemeyer erfuhr die Gruppe auch von der Ermordung der Juden in Polen. Sophie musste daran denken, wie ihr Freund Fritz Hartnagel von der Kaltschnäuzigkeit seines Kommandeurs berichtete, mit der er »von der Abschlachtung sämtlicher Juden des besetzten Rußland erzählt hat und dabei von der Gerechtigkeit dieser Handlungsweise vollkommen überzeugt ist«. Fritz »saß mit klopfendem Herzen dabei.«

Die langen Diskussionen mündeten immer wieder in die Frage, wie man sich verhalten soll in dieser Zeit und was man tun kann und soll. Nach einem langen strapazierenden Gespräch, das sich über drei Stunden zog, bekannte Sophie, dass sie das Bedürfnis habe, für sich alleine zu sein, denn es dränge sie danach, »durch ein äußeres Tun das in mir zu verwirklichen, was bisher nur als Gedanken, als richtig Erkanntes in mir ist«.

Im Konfirmandenunterricht hatte sie schon früh gelernt, auswendig gelernt, dass der sündigt, der das Gute kennt, aber nicht tut. Der Jakobusbrief schärft seinen Leserinnen und Lesern ein: »Seid aber Täter des Worts und nicht Hörer allein, wodurch ihr euch selbst betrügt.« (Jakobus 1,22) Wie kann sie vor Gott bestehen, wenn sie das weiß und nicht handelt? Wie kann sie tatenlos zusehen, wenn sie von all dem Leid und der Ungerechtigkeit hört? Wie oft hat sie mit ihrer Mutter über den Glauben gesprochen, über ihre tiefe Frömmigkeit, die auf Gott vertraut und zu der ganz selbstverständlich auch eine tätige Nächstenliebe gehört?

Bei den Diskussionsrunden und Gesprächsabenden saß Sophie nachdenklich und ernst dabei, sie wog für sich ab, sie hatte sich schon entschieden, nicht nur Hörerin, sondern auch Täterin des Wortes zu sein.

Bei all den Treffen blieb wenig Zeit für das Studium. Studierst du überhaupt, fragt besorgt ihre Schwester Elisabeth. Auch der Freundin Lisa geht es nicht anders: »... ich höre nur von Philosophiereien, Teetrinken, Segeln und an sich ist doch Dein Studium auch nicht gerade Nebensache und vielleicht doch ein konkretes Ding?«

In der Tat lassen sich nur wenige verbindliche Aussagen über ihr Studium machen. Sie besuchte einige Vorlesungen, vor allem von Kurt Huber.

Professor Kurt Huber

Der vielseitige Wissenschaftler hielt Vorlesungen für Philosophie wie auch für Musikpsychologie und Volksliedkunde. Durch eine Kinderlähmung war er körperlich behindert, das Gehen und Sprechen fielen ihm schwer. »Wir können nur Professoren gebrauchen, die auch Offiziere sein können«, wurde ihm gesagt. Er erhielt eine außerplanmäßige Professorenstelle, galt als anerkannter Fachmann für Volkslieder und exzellenter Leibniz-Kenner. Intensiv beschäftigte er sich mit dessen großem Werk »Theodizee«: Wie kommt das Böse in die Welt? Warum lässt Gott das Leid zu? Wo bleibt angesichts des Leids und der Not die Gerechtigkeit? Nur mit Mühe konnte er zum Pult gehen und sprach anfangs auch nur stockend. Dennoch strömten die Studentinnen und Studenten in seine Leibniz-Vorlesung. Er sprach frei, begabt mit einem scharfen, treffenden Witz, und zwischen den Zeilen klang immer wieder seine Kritik am Nationalsozialismus an. Ein Wort des Philosophen Johann Gottlob Fichte war ihm wichtig geworden:

Und handeln sollst du so,
als hinge vor dir und deinem Tun allein
das Schicksal ab der deutschen Dinge,
und die Verantwortung wär´dein.

Zusammen mit Traute Lafrenz besuchte Sophie Scholl die Vorlesung von Professor Huber. Während der Pause drückte Traute Mitte Juli Sophie ein Flugblatt der »Weißen Rose« in die Hand. Es war ein einfaches Blatt mit einem auf der Vorder- und Rückseite von einer Schreibmaschine eng bedruckten Text. Das Blatt trug oben eine römische Vier. Nach Traute Lafrenz wusste Sophie sofort, »daß die Flugblätter von einem oder mehreren von ›uns‹ geschrieben sein mußten«. Sie kannte die Themen und die Formulierungen aus den gemeinsamen Gesprächen und Diskussionen, selbst die Literaturzitate kannte sie. Bei einem anderen Flugblatt entdeckte sie ein Bibelzitat, das sie einmal für Hans aufgeschrieben hatte. Sie sprach ihn dann direkt darauf an, und er antwortete ihr, »es ist falsch, immer nach dem Urheber zu fragen, das gefährdet diesen nur, die Zahl der direkt Beteiligten muss eine ganz kleine bleiben, und es ist besser für mich, wenn ich möglichst wenig weiß. Dabei bleibt es. Mir war damit mein Platz zugewiesen, ich nahm ihn an. Sorgte, dass die Blätter weiterverbreitet wurden.«

Auch andere Freunde sahen sofort, dass Hans Scholl der Urheber sein müsse. Und wusste Sophie womöglich schon vorher von den Flugblättern? Nach ihrer eigenen Aussage beim späteren Verhör hatte sie mit den ersten vier Flugblättern nichts zu tun. Das brachte sie »entschieden« zum Ausdruck und dies dürfte nicht zu bezweifeln sein.

Allerdings kann es auch nicht sein, dass sie erst durch Traute Lafrenz von den Flugblättern erfuhr. Im

Mai 1942 bat sie ja ihren Freund Fritz um den Bezugsscheinstempel für einen Vervielfältigungsapparat und um 1 000 Reichsmark für einen guten Zweck. Er bekam einen Schrecken und fragte sie sehr eindringlich: »Bist Du Dir im Klaren, dass dies Dich den Kopf kosten kann?« Und sie soll mit fester Stimme geantwortet haben: »Ja, darüber bin ich mir im Klaren.« Als Sophie Scholl zum Studium nach München kam, wusste sie vermutlich schon von den Flugblättern und hatte wohl auch die Absicht, sich an der Aktion zu beteiligen. Ob sie auch an der Abfassung des fünften Flugblattes beteiligt war, darüber lässt sich nur spekulieren. Beim Verhör übernahm sie hierfür die völlige Mitverantwortung. Das kann zum einen damit zusammenhängen, dass sie die anderen Mitbeteiligten schützen wollte, zum anderen aber auch damit, dass sie sich mit ihrem Bruder solidarisch erklären und sich nicht von ihm trennen lassen wollte. Letztlich war gerade in der letzten Zeit das Verhältnis zwischen beiden sehr eng, sie sprachen über vieles, trafen viele Entscheidungen gemeinsam und gingen vielleicht auch den Text für das fünfte Flugblatt miteinander durch.

Die ersten vier Flugblätter, die den Namen »Weiße Rose« trugen, verfassten zwischen dem 27. Juni und dem 12. Juli 1942 Hans Scholl und Alexander Schmorell. Der Anstoß dazu sei nach der Aussage von Hans im Verhör von ihm ausgegangen, er habe das erste und vierte Flugblatt allein geschrieben. Alexander Schmorell, der sich sofort zur Mitarbeit bereit erklärt haben soll, habe beim zweiten und dritten Blatt den zweiten Teil beigesteuert. Diese Aussage machte Hans Scholl in der Annahme, dass sein Freund rechtzeitig gewarnt worden war und sich in Sicherheit bringen konnte.

Auslöser für den Druck der Flugblätter waren nach der Erinnerung einer Freundin von Alexander Schmorell die hektographierten Blätter, mit denen die Ulmer Schüler die Predigten des Bischofs Clemens von Galen verbreiteten. Auf diese Weise konnten auch sie nun ihren Plan zum Widerstand, in die Tat umsetzen.

Die Flugblätter wurden von den beiden Freunden in Alexanders Zimmer in der Villa seines Vaters in München-Harlaching mit Schreibmaschine auf eine Matrize getippt und mit einem Vervielfältigungsapparat in der Auflagenhöhe von jeweils hundert Stück abgezogen. Mit Schreibmaschine adressierten sie dann Briefumschläge und bereiteten sie für den Versand vor. Sie hofften, dass die Empfänger die Flugblätter kopieren und weiterverteilen, zumindest aber weitergeben. Neben gleichgesinnten Freunden und Bekannten wählten sie aus dem Adressbuch auch mögliche Multiplikatoren aus wie Schriftsteller und Buchhändler, Gastwirte und Kaffeehausbetreiber sowie Ärzte und Lehrer. Allerdings ging fast jeder dritte Empfänger mit dem Flugblatt zur Polizei und gab es dort ab.

F l u g b l ä t t e r   d e r   W e i s s e n   R o s e .

I

Nichts ist eines Kulturvolkes unwürdiger, als sich ohne Widerstand von einer verantwortungslosen und dunklen Trieben ergebenen
Herrscherclique "regieren" zu lassen. Ist es nicht so, dass sich jeder
ehrliche Deutsche heute seiner Regierung schämt, und wer von uns ahnt
das Ausmass der Schmach, die über uns und unsere Kinder kommen wird,
wenn einst der Schleier von unseren Augen gefallen ist und die grauen-
vollsten und jegliches Mass unendlich überschreitenden Verbrechen ans
Tageslicht treten? Wenn das deutsche Volk schon so in seinem tiefsten
Wesen korrumpiert und zerfallen ist, dass es ohne eine Hand zu regen,
im leichtsinnigen Vertrauen auf eine fragwürdige Gesetzmässigkeit der
Geschichte, das Höchste, das ein Mensch besitzt, und das ihn über jede
andere Kreatur erhöht, nämlich den freien Willen, preisgibt, die Freiheit des Menschen preisgibt, selbst mit einzugreifen in das Rad der
Geschichte und es seiner vernünftigen Entscheidung unterzuordnen,

Die ersten vier Flugblätter sind von Anfang an als Serie
konzipiert und enthalten unterschiedliche Aspekte, die
sich ergänzen. Die Texte halten der intelektuellen Elite
ihr Versagen im Nationalsozialismus vor. Statt einzugreifen in das Rad der Geschichte, haben sie das höchste Gut des Menschen, »den freien Willen« preisgegeben.
Sie sind, so lautet der Vorwurf, »zur geistlosen und fei-
gen Masse« geworden. So formulieren die Autoren es
gleich im ersten Flugblatt. Damit haben sie auch das Urteil über sich gesprochen, sie verdienen den Untergang.

Für ihre Argumentation beziehen sie sich auf Goethe und Schiller, die Galionsfiguren des Bildungs-
bürgertums, aber auch auf das christliche Erbe. Die
Bombardierung von Köln durch britische Bomber hat
die Menschen erschüttert: So wird es in Deutschland
aussehen, wenn dem nicht Einhalt geboten wird. Darum der eindringliche Appell: »Leistet passiven Widerstand – Widerstand –, wo immer Ihr auch seid ...« Den
staatstheoretischen Ausführungen Schillers, wonach
es Zweck und Aufgabe des Staates sei, für die »Aus-

bildung aller Kräfte des Menschen« zu sorgen, folgt ein Abschnitt eines Stückes von Goethe, in dem »das schöne Wort der Freiheit« im Mittelpunkt steht. Es ist der Chor der Braven, die sich dem Dämon des Krieges entgegenstellen. Mit lauter Überzeugung rufen sie das Wort Freiheit aus, das am Ende von allen Seiten sein Echo findet.

Alle vier Blätter schließen mit der Aufforderung: »Wir bitten Sie, dieses Blatt mit möglichst vielen Durchschlägen abzuschreiben und weiterzuverteilen!«

Die Flugblätter spiegeln die Gespräche und Diskussionen wider, die Hans Scholl und Alexander Schmorell mit ihren Freunden und Bekannten führten. In den Texten gaben sie ihnen eine Gestalt, brachten sie nach außen, in der Hoffnung, dass andere, die genauso wie sie dachten, sich dem anschließen und der Widerstand so immer weitere Kreise ziehe.

In dichter Folge wurden die weiteren Flugblätter erstellt und verschickt. Im *zweiten* Flugblatt wird das verbrecherische Wesen des Nationalsozialismus durch ein Zitat aus Hitlers »Mein Kampf« belegt: »Man glaubt nicht, wie man ein Volk betrügen muß, um es zu regieren.« Es folgt dann der Hinweis auf die Kriegsverbrechen, wobei die Judenverfolgung, »das fürchterlichste Verbrechen an der Würde des Menschen«, zuerst genannt wird. Die Zahl der 300 000 ermordeten Juden in Polen kannten sie von dem Architekten Eickemeyer, der durch seine Tätigkeit in Krakau davon erfuhr. Die anderen Verbrechen kannten laut Flugblatt die Leserinnen und Leser selbst: die Verschleppung der jungen polnischen Adeligen in Konzentrationslager und der norwegischen Mädchen in Bordelle. Der Deutsche sollte endlich aus seiner Dumpfheit aufwachen und nicht nur Mitleid empfinden, sondern auch Mitschuld. Anfangs waren viele geblendet, aber es war noch nicht zu spät. Das Loblied des Laotse auf den »Hohen Menschen« lässt sich als Gegenentwurf zum arischen Übermenschen lesen. Er ist aufrecht und klar, frei von Überhebung und Übergriffen. Die Argumentation der Flugblätter ist vielschichtig und vielfältig, immer aber wendet es sich an Intellektuelle, gleich, welchen Hintergrund sie haben, christlich oder humanistisch orientiert, es wird an ihre Verantwortung appelliert. Die »deutsche Intelligenz«, die sich bislang im Kellerloch verbarg, sollte sich zum Widerstand zusammenfinden – darauf komme es jetzt an.

Das *dritte* Flugblatt beschreibt, was die Autoren unter Sabotage verstehen. Sie bezieht sich auf alle Bereiche des Lebens und Arbeitens von den Rüstungs- und kriegswichtigen Betrieben bis hin zu Festlichkeiten, aber auch auf alle wissenschaftlichen und geistigen wie auch künstlerischen Gebiete. Radikal werden alle Straßensammlungen abgelehnt, wie wohltätig sie auch erscheinen mögen. Der nationalsozialistische Staat sei ein Unrechtsstaat, das wird in langen Ausführungen dargelegt mit Bezug auf Augustin, nach dem der Staat ein Abbild der göttlichen Ordnung (civitas Dei) sein soll, oder mit dem Hinweis auf Cicero, der zu Eingang zitiert wird: »Das öffentliche Wohl soll das höchste Gesetz sein.« Es sei darum die sittliche Aufgabe eines jeden, diese »Diktatur des Bösen« zu bekämpfen. Dazu sollen auch die »unteren Volksschichten« gewonnen werden. Allerdings, so wusste es schon Aristoteles, habe der Tyrann überall Späher, die den Untertan belauschen.

Das *vierte* Flugblatt lenkt den Blick auf die Situation an der Front. Hitler sage Frieden und meine Krieg. »Täglich fallen in Rußland Tausende.« Hitler sei das Böse, er sei der Satan. Es sei die Pflicht des Christen, ihn zu bekämpfen. In die Reihe der Mahner sehen sich auch die Autoren der Flugblätter gestellt: »Überall und zu allen Zeiten der höchsten Not sind Menschen aufgestanden, Propheten, Heilige, die ihre Freiheit gewahrt hatten, die auf den Einzigen Gott hinwiesen und mit seiner Hilfe das Volk zur Umkehr mahnten.« Der Leser wird am Ende gezielt als Christ angeredet, es sei nicht nur seine Pflicht, gegen den Satan zu kämpfen, wobei das Flugblatt Bilder aus der Apokalyptik verwendet, sondern als Christ sei er auch von Gott mit Mut und Kraft ausgestattet. Ein Zitat aus dem Alten Testament lässt einen Blick in die Zukunft werfen, die die Menschen erwarte, wenn sie nicht bereit seien, sich gegen das Unrecht zu wenden: Die Lebenden werden die Toten beneiden. (Prediger 4,1–2; nicht Buch der Sprüche, wie im Flugblatt vermerkt). Es ist die Auffassung der Verfasser, dass nur »die Religion ... Europa wieder aufwecken« kann. Sie zitieren dazu aus einer Rede des Romantikers Novalis: »Die Christenheit oder Europa«. Eine neue und erneuerte Gesellschaft müsse sich seiner Schuld bewusst sein, und an den Anhängern des Nationalsozialismus müsse ein Exempel statuiert werden. Deshalb solle niemand vergessen werden, auch die »kleinen Schurken dieses Systems« nicht. Unterschrieben ist dieses Blatt von der »Wiederstandsbewegung in Deutschland«.

Die Mahnung am Ende ist zugleich eine Warnung. Wer meine er werde in Ruhe gelassen, er könne sich mit dem Leid abfinden und die Augen vor dem verschließen, was in seinem Land und der Welt geschehe, werde sich irren: »Wir schweigen nicht, wir sind Euer böses Gewissen; die Weisse Rose läßt Euch keine Ruhe!«

Auch der Schriftsteller Werner Bergengruen erhielt ein Flugblatt der Weißen Rose. Zusammen mit seiner Frau hat er es gleich abgeschrieben und unauffällig in Briefkästen der Umgebung geworfen. Als er seinem Nachbarn und Freund Carl Muth die Blätter zeigte, war Sophie Scholl auch dabei. Sie lachte nur, daraufhin sagte Muth zu ihr: »Aber Kind! Sofielein!« Der betagte Gelehrte soll stets das zweite Flugblatt bei sich getragen haben, damit man es finde und lesen solle, wenn er einmal überraschend sterben sollte.

Warum die ersten vier Blätter mit dem Titel »Flugblätter der Weissen Rose« überschrieben waren, lässt sich nicht mehr eindeutig klären. Im Gestapo-Verhör sagte Hans Scholl aus, der Name sei willkürlich gewählt worden, wobei der Roman, den er zu der Zeit gelesen habe, eine Rolle gespielt habe: die spanische Romanze »Rosa Blanca« von Brentano. Eine zweite Möglichkeit: Seine Schwester Sophie gab an, dass ihr Bruder auf die Fahnen der verbannten Adeligen hingewiesen habe, die während der französischen Revolution eine weiße Rose getragen hätten. Drittens gibt es einen Verweis auf einen Roman von B. Traven (1929) mit diesem Titel, den Hans Scholl kannte. Oder viertens: Bei den Römern galt die weiße Rose als Zeichen der Verschwiegenheit – ein Hinweis, die Flugblätter vertraulich zu behandeln. In eine nochmals ganz andere Richtung wies Lilo Ramdohr, eine sehr gute Freundin von Alexander Schmorell. Sie schickte ihm und Hans Scholl im November 1942 eine Feldpostkarte mit dem Motiv der weißen Rose.

So weit verbreitet und vielschichtig das Motiv der Weißen Rose ist, so zahlreich sind, auch die Begründungen und so wenig lässt sie sich eindeutig festlegen. Die Gruppe nannte sich nicht selber so, aber unter dem Begriff der Weißen Rose hat sie ihren Ort in der Geschichte gefunden.

15. Kapitel

Schluss – jetzt werde ich etwas tun

Zum Freundeskreis der Gruppe gehörte auch Christoph Probst, der von Freunden »Christel« genannt wurde. Alexander Schmorell und er kannten sich aus der Schulzeit. Christophs Vater war wohlhabend und konnte sich deshalb mit seinem Interessensgebiet beschäftigen, dem Sanskrit und den orientalischen Religionen. Allerdings kannte er sich auch in anderen Religionen aus, deshalb ließ er seinen Sohn und auch seine Tochter nicht taufen. Das Elternhaus war religiös wie kulturell offen. Zu den Freunden der Familie zählten die Maler Emil Nolde und Paul Klee.

Der Vater trennte sich von seiner Frau und heiratete wieder, eine Jüdin. Dadurch erlebte die Familie die Bedrohung durch die Nationalsozialisten. Christoph besuchte Internate, die durch humanistische und liberale Grundwerte geprägt waren. Seine offene und freundliche Art ließ ihn schnell Freunde finden. Sie schilderten ihn als einen menschlich tief empfindenden Menschen, der von innen heraus handelte. Seine ausge-

Christoph Probst

prägte Nächstenliebe ließ ihn ein Medizinstudium beginnen. »Liebe treibt die Welt«, schrieb er einmal. »Sie bringt alles Leben hervor; sie schützt uns; sie führt zur Glückseligkeit ...« Mit einundzwanzig Jahren heiratete er Herta Dohrn, deren Vater ein Regimekritiker des Nationalsozialismus war.

Als Sophie Scholl ihn kennenlernte, hatte er bereits zwei Kinder, Michael und Vincent. Die Liebe zu den Menschen bestimmte sein Handeln und letztlich auch seinen Widerstand. Seine Schwester Angelika erinnerte sich an ein Gespräch mit ihm über die Tötung von Menschen mit geistigen Behinderungen durch die Nationalsozialisten:

»Er zeigte mir, daß kein Mensch, gleichgültig unter welchen Bedingungen, berechtigt ist, Urteile zu fällen, die allein Gott vorbehalten sind. Niemand, so sagte er, kann wissen, was in der Seele eines Geisteskranken vorgeht. Niemand kann wissen, welches geheime innere Reifen aus Leid und Jammer erwachsen kann. Jedes Leben ist kostbar. Wir sind alle Gottes Kinder.«

Zur Widerstandsgruppe selbst stieß er erst im Januar 1943, in diesem Monat kam auch sein drittes Kind, die Tochter Katja, zur Welt. Christoph Probst blieb bei allen Aktionen im Hintergrund, da die Familie geschont werden sollte. Auch wenn er nicht an der Herstellung der Flugblätter beteiligt war, so war er doch schon sehr früh eingeweiht und nahm auch an den Diskussionen über die Aktivitäten der Gruppe teil.

Im Juli kam die Schwester Inge zu Hans und Sophie nach München und nahm Einblick in das Studentenleben der beiden: eine Vorlesung bei Professor Huber, ein Beethoven-Konzert und einen Leseabend mit Theodor Haecker im Atelier von Manfred Eickemeyer. In Blumberg hatte Sophie Scholl Haeckers Buch »Schöpfer und Geschöpf« gelesen. Seine eindeutige christliche Haltung ließ ihn zum entschiedenen Gegner des Nationalsozialismus werden. Sein Buch »Was ist der Mensch?« ist eine scharfe Abrechnung mit ihrer Ideologie: »In Gott sind Recht und Macht identisch; es ist undenkbar, daß der Erzengel Michael im Kampfe mit dem Satan unterlegen wäre ... Das Problem von Macht und Recht gehört zur Welt der Freiheit im Geschöpfe ...« Ihm kam es darauf an, dass der Mensch dem Naturrecht folgt, das jedem Menschen durch Gott gegeben ist.

Haecker war davon überzeugt, dass nur die Gerechten das Volk noch retten können. Seine Bücher wurden verboten und im Mai 1935 erhielt er auch Redeverbot, das im Jahr darauf noch einmal erneuert wurde. Hans hatte ihn über Carl Muth kennengelernt und trotz des Verbotes kam er. Ungefähr zwanzig Personen hatten sich eingefunden, um ihn zu hören und mit ihm zu diskutieren. Sophie Scholl schrieb über seine Lesungen an ihren Freund Fritz Hartnagel: »Seine Worte fallen langsam wie Tropfen, die man schon vorher sich ansammeln sieht, und die in diese Erwartung hinein mit ganz besonderem Gewicht fallen. Er hat ein sehr stilles

Gesicht, einen Blick, als sähe er nach innen. Es hat mich noch niemand mit seinem Antlitz so überzeugt wie er.« Als er gegangen war, saßen sie noch eine ganze Zeit zusammen und diskutierten miteinander.

Mit Sorgen um ihren Bruder fuhr Inge Scholl wieder nach Hause. Hatte Hans etwas mit den Flugblättern zu tun? Hans Hirzel, der Bruder von Sophies Freundin Susanne, sagte es ihr ganz direkt, dass er Hans dahinter vermute. Inge hatte große Angst um ihren Bruder und betete zu Gott: »Deinen Engel laß um ihn sein.«

Sophie Scholl war guter Dinge, sie lachte fröhlich und meinte, dass die Flugblätter bei den Studenten in aller Hände sind. Das erste Semester war zu Ende, sie nahm eine Kunstpostkarte mit einem Stillleben von Paul Cézanne und schrieb darauf: »In diesem Jahr wird noch eine Entscheidung fallen. Mit jeder Fiber seines Wesens wartet man auf sie.« So ging sie in die Semesterferien.

Zuvor aber wurden noch die Sanitätssoldaten verabschiedet, die zu ihrem Einsatz nach Russland aufbrachen. Am 22. Juli 1942 trafen sich die Freunde noch einmal im Atelier von Manfred Eickemeyer, und am nächsten Mor-

gen in aller Frühe ging es zum Ostbahnhof, wo sich die
2. Studentenkompanie zur Abfahrt einzufinden hatte.

Einer von ihnen, Jürgen Wittenstein, machte eine Reihe von Aufnahmen. Sie fangen diesen Moment ein, wo
man Sophie Scholl gelöst, geradezu heiter und fröhlich
sieht, wie sie sich am Zaun anlehnt und beide Arme
weit ausstreckt, die Margerite in der rechten Hand, und
dann wieder ernst und sorgenvoll sitzt sie mit den anderen zusammen, die Blume hat sie sich angesteckt und
schaut vor sich hin. Sie konnte beides sein, keck und lustig, aber auch sehr still und nachdenklich. In der letzten
Zeit bildete die Traurigkeit immer stärker den Grund-
ton ihres Lebens. Sie machte sich Sorgen um den Vater,
der Gerichtsprozess stand in wenigen Wochen an. Der

Bruder Werner war in Russland und nun auch Hans. Dazu auch der Freund Fritz. Und sie selbst, sie musste in einem kleinen Ort bei Ulm in einer Schraubenfabrik arbeiten. Ihrer Freundin Lisa Remppis schrieb sie: »Ich hätte nicht geglaubt, dass ich so an ihnen allen, vor allem an Hans hänge. Hoffentlich können wir uns bald alle gesund wiedertreffen.« Dem Tagebuch vertraute sie an, dass sie darauf vertrauen wolle, dass es Gott sei, der alles regiere. So hat sie von der Mutter gelernt. »Und meine ohnmächtige Liebe lege ich in Deine Hand, damit sie mächtig wird.«

Den zweimonatigen Arbeitsdienst in der Schraubenfabrik nahm sie »gelassen« hin. Etwa 150 ausländische Arbeiter waren dort eingesetzt, um Rüstungsmaterialien zu produzieren. Einige hatten sich im Osten freiwillig gemeldet, die meisten aber wurden mit Gewalt gezwungen. Eine »schrecklich seelen- und lieblose Beschäftigung« erwartete sie, die »ein dressierter Affe, wenn er so dumm wäre und sich bewegen ließe«, genauso tun könnte. »Körperlich müde und seelisch angeödet kehrt man abends heim.« Neben Sophie arbeitete eine junge Russin, »ein Kind in ihrem arglosen rührenden Vertrauen selbst den deutschen Vorarbeitern gegenüber, deren Fäusteschütteln und brutales Geschrei sie nur ein nicht verstehendes, beinahe fröhliches Lachen entgegensetzt.« Sophie Scholl versuchte, das Bild der Deutschen ein wenig zu korrigieren, aber auch andere waren freundlich und hilfreich zu ihr.

Am 3. August 1942 fand der Prozess gegen Robert Scholl wegen »Heimtückevergehens« statt. Das entsprechende Gesetz sah als Höchststrafe lebenslänglich vor, es konnte sogar die Hinrichtung bedeuten. Ihrer Freundin Lisa Remppis schrieb sie, dass sie kaum Hoffnung habe, dass ihr Vater wieder zurückkehre. Vielleicht muss sie vorläufig ihr Studium aufgeben. Zusammen mit Traute Lafrenz sah sie ihr Zimmer und das von Hans durch und nahm alles mit, was verdächtig sein konnte.

Im Prozess wurde dem Vater zwar eine »gewisse eigenbrödlerische, wirklichkeitsfremde Haltung« bescheinigt, aber es wurde ihm auch sein bisheriges »tadelfreies Vorleben« bescheinigt. Vier Monate Haft erschienen nötig, aber ausreichend zu sein.

Zweimal im Monat durfte er Besuch bekommen, und in der Zeit konnte er der Familie schreiben, ferner durften ihm alle vierzehn Tage die Angehörigen einen Brief schicken. Seine Tochter Sophie schrieb: »Von vielen Freunden, denen ich von Dir schrieb, soll ich Dich grüßen, sie bauen alle an der Mauer von Gedanken, die um Dich sind. Du spürst doch, dass Du nicht allein bist, denn die Gedanken, die reißen die Schranken und Mauern entzwei ...«

An Sommerabenden stand sie am Gefängnis und spielte auf der Flöte das Lied »Die Gedanken sind frei ...«. Wegen guter Führung wurde Robert Scholl vorzeitig entlassen und kehrte ungebrochen nach Hause zurück.

Letztlich empfand Sophie Scholl die Haft als Auszeichnung und nicht anders erging es auch den übrigen Geschwistern. Durch einen unfassbaren Zufall waren sich Hans und Werner hinter der Front in Russland begegnet. Der Ältere erzählte seinem jüngeren Bruder von der Haft und sagte zu ihm, indem er ihm die Hand auf die Schulter legte: »Wir müssen das anders tragen als andere. Das ist eine Auszeichnung.«

In der Zeit, als Robert Scholl im Gefängnis war, regelte sein Freund Eugen Grimminger die Büroangelegenheiten. Hans Scholl sollte sich später mehrmals mit der Bitte um finanzielle Unterstützung an ihn wenden. Im Grunde war Grimminger der eigentliche Finanzier der Gruppe.

Die 2. Studentenkompanie war derweil in Russland an ihrem Zielort, einem Lazarett im Wald bei Gshatzk angelangt. Dort wurden sie als Hilfsärzte eingesetzt, aber zugleich auch weiter ausgebildet. Alexander Schmorell zeigte Hans Scholl und Willi Graf das Land, sein Russland. Sie erlebten das große Elend und die bedrückende Not, die überall herrschte. Sie trafen sich auch mit den Bauernfamilien, tranken mit ihnen, sangen Volkslieder, spielten die Balalaika und nahmen auch an einem orthodoxen Gottesdienst teil. Hans schwärmte gegenüber Sophie von den endlosen Birkenwäldern. »Schwer trenne ich mich von Russland«, notierte Wilhelm Graf in sein Tagebuch.

Während der drei Monate wurden Hans Scholl und Willi Graf Freunde. Hans erzählte ihm von den Flugblättern, die sie in München verschickt hatten, und sein neuer Freund wollte dabei, wenn sie im Winter weitermachen würden.

Willi Graf

Der Rheinländer Willi Graf war ein strenggläubiger Katholik. Unter den Jugendlichen kursierte der Spruch: »Blond wie Hitler, schlank wie Göring und hoch gewachsen wie Goebbels.« Blond, schlank und hoch gewachsen war Willi Graf aber ein entschiedener Gegner des Nationalsozialismus. Er gehörte den katholischen Jugendverbänden an und trat nicht der Hitlerjugend bei. Trat einer seiner Freunde der HJ bei, strich er ihn aus seinem Adressbuch.

In Bonn studierte er Medizin, wurde dann aber – nachdem er wegen »bündischer Umtriebe« verhaftet worden war – zum Wehrdienst eingezogen, zunächst an der Westfront und wurde dann auch im Osten eingesetzt, wo er die Brutalität des Vernichtungskrieges erlebte.

Willi Graf beschäftigte sich intensiv mit religiösen und philosophischen Fragen. In der Welt sah er Gottes Plan wirksam, der jedem Menschen seinen Ort zumisst, an dem er zu leben und zu wirken hat. »Nicht ständig dürfen wir uns vom günstigen Wind treiben lassen. Manchmal muß man schon einen Weg gehen, der nicht ganz leicht fällt.«

In einem Brief an seine Schwester Anneliese schrieb er: »In Wirklichkeit ist Christentum ein viel schwereres und ungewisseres Leben, das voller Anstrengung ist und immer wieder neue Überwindung kostet, um es zu vollziehen. Gerade das Christwerden ist vielleicht das Allerschwerste; denn wir sind es nie und können es höchstens im Tod ein wenig sein.«

Am 24. August 1942, einem Sonntag – es war der Tag, bevor Robert Scholl seine Haft antreten musste –, traf bei der Familie eine Nachricht ein, die sie alle erschütterte. Der langjährige Freund Ernst Reden war in Russland gefallen. Sophie stand lange am Fenster und starrte nach draußen. Dann sagte sie »Schluss. Jetzt werde ich etwas tun.«

Während der Zeit, in der sie in der Schraubenfabrik arbeitete, ging sie zum Mittagessen zur Familie Hirzel. Sie gab dem Bruder ihrer Freundin Susanne, von dem sie wusste, dass er etwas gegen das Regime unternehmen wollte, 80 Reichsmark, um einen Vervielfältigungsapparat zu kaufen, was er auch machte. Hans Hirzel konnte seinen Freund Franz Josef Müller gewinnen mitzumachen. Allerdings warf er dann aus Angst den Apparat in die Donau. Sophie wollte er das nicht gestehen, das Gerät sei defekt gewesen, behauptete er. Dennoch, Sophie Scholl hatte den ersten Schritt gemacht.

16. Kapitel

Und nun Gott befohlen!

Die Entscheidung war gefallen: Sophie Scholl war bereit, sich am Widerstand gegen den Nationalsozialismus zu beteiligen und sie hatte schon die ersten konkreten Schritte unternommen. Im März hatte sie – wohl im Blick auf die Zeit im Studium – auch die Schreibweise ihres Namens geändert. Statt mit »Sofie«, wie es in der Taufurkunde stand, wählte sie nun die Schreibweise »Sophie«, wie sie es zuvor bei Einträgen in Poesiealben verwandte.

Aus Russland schrieb ihr Fritz Hartnagel von den schrecklichen Verhältnissen dort. Mittlerweile war die Wehrmacht bis nach Stalingrad vorgerückt, dort würde die Entscheidung fallen. Die Zivilbevölkerung litt unter den trostlosen Verhältnissen. Bald aber würde der Krieg vorbei sein und sie könnten danach aufatmen. Was würden sie dann zusammen machen? Er würde gerne eine Hühnerfarm gründen; mit einem Bauernhof wäre auch sie einverstanden, antwortete sie ihm und schrieb: »... der gemeinsame Grund, auf dem wir stehen, ist das stärkste Band, das uns zusammenknüpft«. Aber noch lasteten die Verhältnisse schwer auf ihr, und dennoch: »Ich will mir meinen Mut durch nichts nehmen lassen, diese Nichtigkeiten werden doch nicht Herr über mich werden können, wo ich ganz andere unantastbare Freuden besitze. Wenn ich daran denke, fließt mir Kraft zu, und ich möchte allen, die ähnlich niedergedrückt sind, ein aufrichtiges Wort zurufen.«

Hans Scholl und seine Kameraden kehrten wohlbehalten aus Rußland zurück. Seine Schwester erzählte ihm wohl davon, dass sie zu Hans Hirzel Kontakt aufgenommen habe. Wenn die Flugblätter eine größere Wirkung erreichten sollten, müssten sie ein größeres Netzwerk aufbauen. In der nächsten Zeit waren die Freunde unterwegs, um Verbündete zu gewinnen.

Über Alexanders Schmorells Freundin Lilo Ramdohr gelang es, einen Kontakt zu Falk Harnack herzustellen, dessen Bruder Arvid Mitglied der Gruppe Harnack-Schulze-Boysen war, einer weit verzweigten Gruppe von Regimegegnern. Im August 1942 war dieses Widerstandsnetz, das die Nationalsozialisten »Rote Kapelle« nannten, aufgeflogen. Alexander und Hans Scholl trafen sich Anfang Dezember mit Falk Harnack in Chemnitz. Sie erfuhren von ihm von einer weiteren Widerstandsgruppe in Berlin, die später auch das gescheiterte Attentat vom 20. Juli 1944 plante. Das Gespräch verlief nicht erfolgreich, aber sie kamen dann noch zweimal in München zusammen und planten eine Zusammenkunft mit den beiden Cousins Harnacks: den Brüdern Klaus und Dietrich Bonhoeffer. Sie war, laut Lilo Ramdohr, für den 25. Februar 1943 um 16 Uhr in Berlin vorgesehen. Sie warteten vergeblich auf Hans Scholl, die »Weiße Rose« gab es zu diesem Zeitpunkt nicht mehr.

Dietrich Bonhoeffer

Der evangelische Pfarrer Dietrich Bonhoeffer stellte sich von Anfang an gegen den Nationalsozialismus. In deutlichen Worte klagte er die Verfolgung und Ermordung der Juden an und schloss sich dem Widerstand gegen Hitler an. Er war der Auffassung, dass es nicht nur Aufgabe der Kirche sei, »die Opfer unter dem Rad zu verbinden, sondern dem Rad selbst in die Speichen zu fallen«. Er wurde am 9. April 1945 im Konzentrationslager Flossenbürg hingerichtet.

Die Gruppe nahm einen Rat Harnacks auf: Der Ton des neuen, fünften Flugblattes war nicht mehr so akademisch, sondern im Stil einfacher und direkter. Es sollte möglichst viele Menschen erreichen. Die Gestapo errechnete, dass etwa 8 bis 10000 Kopien hergestellt worden sind. Der Arbeitsaufwand ist kaum zu ermessen. Nicht nur, dass Matrizen und Kopierflüssigkeit gekauft werden mussten, sondern auch Briefumschläge, das Papier selbst und nicht zuletzt auch die Briefmarken in großen Mengen. Alles war in Kriegszeiten rationiert und man durfte sich nicht verdächtig machen. Die Beschaffung der Materialien war vor allem die Aufgabe von Sophie Scholl. Gewissenhaft führte sie das Kassenbuch.

München, Franz-Josef-Straße

Ob Sophie Scholl das fünfte Flugblatt mit verfasst hat, lässt sich nicht mehr ermitteln. Naheliegend ist aber, dass sie mit Hans über den Inhalt gesprochen hatte. Hergestellt wurden die Kopien in der gemeinsamen Wohnung in der Franz-Josef-Straße 13, dort hatten Hans und Sophie im Hinterhaus ein paar Zimmer gemietet, nur eine Viertelstunde von der Universität entfernt.

Ständig waren in der Wohnung Gäste, die Freundin von Hans, Gisela Schertling, wohnte praktisch mittlerweile dort und teilte sich mit Sophie bisweilen das Bett. Fast immer war jemand zu Besuch, aber niemand von ihnen bekam etwas von den heimlichen Aktivitäten mit. Daneben führten sie ihr nomales Leben weiter, besuchten die Lehrveranstaltungen an der Universität, gingen in Konzerte und zu Leseabenden, trafen sich in

Restaurants und Cafés und unternahmen Ausflüge. Oft besuchte Sophie Scholl auch Freunde und war immer wieder Gast bei Professor Muth, der zum wichtigen Mentor der Gruppe geworden war. Die angespannte Situation und die hohe Arbeitsbelasung setzten Sophie Scholl unter einen hohen Druck. Sie klagte unter starken Kopfschmerzen. Otl Aicher schrieb sie:

»Meine Gedanken springen hierhin und dahin, ohne daß ich richtig über sie gebieten könnte.«

Vielleicht waren es auch Auswirkungen der Aufputschmittel, die Hans vermutlich beiden spritzte. Nach außen wirkte Sophie gleichmütig, innen aber befand sie sich in »einem Zustand der Zerstreutheit« und der Angst um Hans, aber auch um sich selbst. Am Tag waren sie fast ständig zusammen und des Nachts, so erinnerte sich Lilo Ramdohr, schliefen sie zusammen in einem Bett. Das Ticken der Dampfheizung bekam für sie symbolische Bedeutung, es spiegelte ihren Gemütszustand wider. Es glich einer Uhr, die mal langsamer, mal schneller lief, und dann klang es so, als würden viele Uhren gehen.

Das fünfte Flugblatt war an »alle Deutschen« gerichtet. Die Niederlage im Krieg sei unausweichlich, darum seien alle aufgerufen, sich von diesem verbrecherischen System zu befreien. »Zerreißt den Mantel der Gleichgültigkeit, den Ihr um Euer Herz gelegt!« Die Zukunft bestehe in »großzügiger Zusammenarbeit der europäischen Völker«. Jeder zentralistischen Gewalt wurde eine Absage erteilt, eine förderalistische Staatenordnung könnte das geschwächte Europa neu beleben. »Freiheit der Rede, Freiheit des Bekenntnisses, Schutz des einzelnen Bürgers vor der Willkür verbrecherischer Gewaltstaaten, das sind die Grundlagen des neuen Europa.« Statt »Weiße Rose«, stand nun »Flugblatt der Widerstandsbewegung« über dem Text.

Der neue Titel sollte suggerieren, dass eine große und weit verzweigte Organisation das Flugblatt herausgab. An möglichst vielen Universitäten sollten Zellen gebildet werden. Allerdings gelang es nicht immer, Gleichgesinnte zu finden, die das Risiko der Mitarbeit auf sich nahmen. Und doch sind eine Reihe von Freunden zu nennen. Man schätzt, dass das Netzwerk um den engsten Kreis aus etwa fünfzig Personen bestand.

Traute Lafrenz brachte die Flugblätter nach Hamburg, wo sich bereits ein eigener Widerstandskreis gebildet hatte. Jürgen Wittenstein nahm Kontakt mit Berlin auf. Willi Graf konnte in Saarbrücken seine Freunde, die Brüder Heinz und Willi Bollinger, sowie Helmut Bauer und Rudi Alt zur Mitarbeit gewinnen. Anderen war die Beteiligung zu gefährlich. Dann reiste er nach Bonn und Freiburg weiter.

Am 3. Dezember 1942 fuhren Hans und Sophie Scholl nach Stuttgart. Während Hans Eugen Grimminger um finanzielle Unterstützung bitten wollte, traf sich Sophie mit ihrer Freundin Susanne Hirzel, die in Stuttgart Musik studierte, im Café Rosenstöckle. Sie machte ihr deutlich, dass jeder, der nicht gegen das System handele, sich schuldig mache. Nur weil keiner schreien würde, wäre diese Katastrophe überhaupt möglich geworden. Sie selbst wolle jedenfalls nicht schuldig werden. Und dann sagte sie: »Wenn jetzt Hitler daherkäme, und ich eine Pistole hätte, würde ich ihn erschießen. Wenn es die Männer nicht machen, muss es eben eine Frau tun.«

Ebenso entschlossen und dazu gut gelaunt kam Hans Scholl ins Café, Grimminger hatte ihm 500 Reichsmark in Aussicht gestellt. »Bald werden es die Spatzen von den Dächern pfeifen, daß wir von Verbrechern regiert werden. Wenn es viele, sehr viele einsehen, könnte daraus eine Tat entstehen und die Fackel, die wir werfen, könnte neue Fackeln entzünden.« Vermutlich hat Sophie Scholl auch Otl Aicher zu gewinnen versucht, als sie ihn in Bad Hall im Sanatorium besuchte, wo er sich von einer Gelbsucht erholte. Auch bei ihrer Freundin Lisa Remppis hatte sie gefragt, ob sie bereit wäre, in ihrem Umfeld Flugblätter zu verteilen, aber sie lehnte das, wohl auch unter dem Einfluss ihres Verlobten, ab.

Anneliese, die Schwester von Willi Graf, wohnte Mitte Dezember für einige Tage bei den Geschwistern Scholl. Sie erlebte Sophie als eine »liebenswürdige Gastgeberin«, auf den ersten Blick wirke sie unscheinbar mit ihrem »jungenhaften, kindlichen Gesicht und dem unverkennbar schwäbischen Akzent«. Letztlich blieb sie ihr fremd. »Ich habe sie gekannt, aber nicht wirklich erkannt«, sagte sie rückblickend. Willi Graf hatte seine Geschwister nicht eingeweiht. Allerdings erlebte Anneliese ihren Bruder in den Weihnachtsferien mitteilsam wie selten. Er berichtete von den Gräueltaten der Deutschen in den eroberten Ländern und sagte dann: »Ihr werdet sehen – es wird etwas geschehen.«

Sophie Scholl musste an ihren Bruder Werner, aber auch an Freund Fritz Hartnagel in Stalingrad denken. Dort hatte die Rote Armee im November 1942 eine Gegenoffensive angetreten. Rund 300 000 Soldaten waren eingeschlossen, sie mussten bei eisiger Kälte und in aussichtsloser Situation den Krieg fortsetzen. Sie vertraute auf Gott und dass sie in seiner Liebe geborgen sind. »Das alles lege ich in die Hand, die unsre ohnmächtige Liebe mächtig werden lässt«, schrieb sie ihm zu Weihnachten. Und einige Tage später schloss sie ihren Brief mit der Ermunterung: »Und nun Gott befohlen!«

Theodor Haecker, den die Geschwister Scholl so schätzten, schrieb in seinen »Tag- und Nachtgedanken« zum Neujahr: »Der Anfang vom Ende ist da.« Der Satan, so war er sich sicher, würde bald stürzen.

Am 8. Januar 1943 fuhr Sophie Scholl wieder nach München zurück, mit Traute Lafrenz bummelte sie die Ludwigstraße entlang. Sie ging auf ein Pferdefuhrwerk zu, das an der Straße stand. »Ha, Kerle«, sagte sie fröhlich und klopfte dem Pferd lachend den Hals. Dann ging sie ganz unbekümmert in den Schreibwarenladen und kaufte Briefumschläge. In ihrer Wohnung sammelten sich mittlerweile die Materialien für die nächsten Flugblätter. Willi Graf notierte in sein Tagebuch: »... wir beginnen wirklich mit der Arbeit, der Stein kommt ins Rollen«.

Das war am 13. Januar 1943. An dem Tag beging die Münchner Universität ihren 450. Geburtstag. Bei dem Festakt im Hauptauditorium im Deutschen Museum sprach der Gauleiter Paul Giesler. Er verachtete Intellektuelle und für ihn gehörten Frauen hinter den Herd. Sie sollten ihre Pflichten als Mutter erfüllen und jedes Jahr dem Führer ein Kind schenken. Sollten nun einige nicht hübsch genug sein, würde er ihnen gerne seine Adjudanten zuweisen. Und er könne ihnen ein »erfreuliches Ereignis« versprechen. In der Aula brach Tumult aus, es kam zu Handgreiflichkeiten, bei denen auch die Studenten in Uniform eingriffen und die Studentinnen verteidigten. Obwohl Anwesenheitspflicht war, führen die Geschwister Scholl und ihre Freunde nicht daran teil. Sie waren mit den Abzügen der Flugblätter beschäftigt. Aber der Tumult war Gesprächsthema an der Universität und in der Stadt. Für die Mitglieder der Weißen Rose glich das Ereignis einem Fanal. Es gab nun Hoffnung auf den Widerstand unter den Studenten.

Seit Kurzem konnte der Maler Wilhelm Geyer, den Hans und Sophie aus Ulm kannten, das Atelier von

München, Deutsches Museum

Eickemeyer nutzen. Er hatte den Auftrag für Glasfenster im schwäbischen Margrethausen bekommen. Morgens frühstückte er bei den Scholls und war oft auch abends mit ihnen zusammen. Auf Sophie wirkte seine Anwesenheit beruhigend »... er strahlt eine Atmosphäre des Vertrauens aus«, schrieb sie ihrer Schwester. Aber auch vor ihm mussten sie die Flugblätter verbergen, die nun in ihrer Wohnung gedruckt und für die Verteilung vorbereitet wurden.

Um den Eindruck einer weitverzweigten Widerstandsgruppe zu erwecken, sollten die Flugblätter von verschiedenen Orten aus verschickt werden. Alexander Schmorell brach nach Salzburg und Linz auf. Danach fuhr er nach Wien, von dort verschickte er auch die Flugblätter nach Frankfurt. Das war günstiger, als mit dem Zug dorthin zu fahren.

*Altar und Orgel,
Martin-Luther-Kirche Ulm*

Sophie Scholl packte 250 Briefumschläge für Augsburg ein und weitere 2 000 Flugblätter für Stuttgart. Sie brachte sie zu Hans Hirzel nach Ulm, mit seinem Freund Franz Josef Müller hatte er sich ein besonderes Versteck ausgesucht. In der Orgel der Martin-Luther-Kirche adressierten die beiden Schüler Briefumschläge und legten die Flugblätter hinein. Zwei Tage brauchten sie, dann fuhr Hans Hirzel zu seiner Schwester nach Stuttgart und kippte die Briefe auf ihr Bett. Als sie ein Schreiben öffnete und den Inhalt las, bekam sie Angst. »Das sind Wahnsinnige, alle werden geschnappt werden, wir sind tot, tot! Aber das Flugblatt ist gut!« Eine halbe Nacht braucht sie, um die Briefe in die verschiedenen Kästen zu werfen.

Die Freunde Hans, Alexander und Willi legten die Flugblätter in der Innenstadt von München aus. Und weil Hans es für seine Schwester Sophie für zu gefährlich hielt, ging sie kurzerhand auf eigene Faust los und legte die Blätter in Telefonzellen und parkenden Autos aus – ein äußerst mutiges und gefährliches Unterfangen.

Die Gestapo war mittlerweile alarmiert und der Kriminalsekretär Mohr, der schon im Juni 1942 mit den Flugblättern der Weißen Rose beschäftigt war, wurde wieder damit beauftragt, die Urheber ausfindig zu machen. Allerdings ging er diesmal von einer auswärtigen Gruppe aus.

Am 3. Februar 1943 kündigte im Radio der Auftakt der 5. Symphonie von Beethoven eine Sondermeldung an, die alle aufhorchen ließ: »Der Kampf um Stalingrad ist zu Ende. Ihrem Fahneneide bis zum letzten Atemzug getreu ist die 6. Armee unter der vorbildlichen Führung des Generalfeldmarschalls der Übermacht des Feindes und der Ungunst der Verhältnisse erlegen ...«.

Auch diese Meldung war wie alle Frontberichte zuvor eine Lüge, die Soldaten kämpften nicht Schulter an Schulter bis zur letzten Patrone. Am 31. Januar 1943 kapitulierte gegen den ausdrücklichen Befehl Hitlers der Kommandeur der 6. Armee General Paulus. Das Heer war völlig aufgerieben. Nur in dem einen Punkt hatte die Meldung Recht, der Kampf um Stalingrad war zu Ende. 91 000 Männer kamen in Gefangenschaft, 42 000 verwundete Soldaten konnten vorher noch ausgeflogen werden, darunter, mit einer der letzten Maschinen, auch Fritz Hartnagel. Verwundet kam er ins Lazarett nach Stalino (Ukraine), aber er lebte noch – er war gerettet.

Die Schwester Elisabeth Scholl war in diesen Tagen in München zu Besuch. Gemeinsam besuchten die drei Geschwister am 3. Februar ein Konzert, danach machten die zwei Schwestern noch einen Spaziergang. Elisabeth erinnerte sich, wie ihre Schwester meinte, dass man Freiheitsparolen an die Mauern schreiben müsste. Sie habe einen Bleistift dabei, meinte Elisabeth scherzhaft. Sophie lachte nur, Teerfarbe brauche man dazu. Und dann zitierte sie einen Satz des gefallenen Freundes Ernst Reden: »Die Nacht ist des Freien Freund.«

Als die beiden dann am nächsten Morgen gemeinsam zur Vorlesung von Professor Huber gingen, sahen sie, wie Putzfrauen damit beschäftigt waren, die Aufschriften von den Wänden zu beseitigen. »Freiheit«, stand da zweimal in großen Buchstaben in Teerfarbe und woanders war zu lesen »Nieder mit Hitler«.

Hans Scholl und Alexander Schmorell hatten Schablonen hergestellt, Teerfarbe gekauft und grüne Farbe aus dem Atelier mitgenommen, dann sind sie losgezogen und haben in der Innenstadt die Parolen angebracht. Im Verhör sagte Sophie Scholl aus, dass sie das Hans vorgeschlagen habe. Auch wollte sie bei der Aktion dabei sein, und wenn dies Misstrauen erregen sollte, könnten sie Arm in Arm weitergehen.

An jenem Abend fand Hans noch 50 Reichsmark in seiner Tasche, er ließ seine Schwestern beim Hausmeister eine Flasche Wein holen. Sie hatten etwas, worauf sie anstoßen konnten. In der Nacht vom 8. auf den 9. Februar machten sich Hans und Willi Graf zu einer weiteren »Schmier-Aktion« auf.

Mit zwei knappen Sätzen kommentierte Professor Huber den Untergang der 6. Armee: »Wir gedenken heute der Opfer von Stalingrad. Die Zeiten der Phrasen ist vorbei.« Hans Scholl bat ihn nach der Vorlesung um den Text für ein Flugblatt. Huber machte sich, aufgewühlt von dem Ereignis, an den Entwurf. Ein Satz stieß jedoch bei Hans und Alexander auf Widerstand: »Stellt Euch weiterhin geschlossen in die Reihen unserer herrlichen Wehrmacht.« Nach ihren Erfahrungen in Russland konnten sie diese Aussage nicht teilen. Ohne es weiter mit Professor Huber abzuklären, strichen sie diesen Satz und schrieben den Text am 12. Februar auf die Matrize.

Das vierte Flugblatt war an die Studentinnen und Studenten gerichtet und bedeutete einen Frontalangriff auf die Bildungspolitik des Nationalsozialismus. Statt zu »Selbstdenken und Selbstwerten« führe die »Weltanschauliche Schulung« zu einer »blinden stupiden Führergefolgschaft«. Um »Freiheit und Ehre« gehe es, beides bliebe beschädigt, wenn die deutsche Jugend nicht aufstehe. Die Katastrophe von Stalingrad habe gezeigt, wohin diese Politik führe. Der Aufstand der Studentinnen und Studenten bei dem Festakt zum Jubiläum wurde als der »Anfang zur Erkämpfung unserer freien Selbstbestimmung« gedeutet. Das Flugblatt endet mit dem Appell des 1813 im Kampf gegen die Truppen Napoleons gefallenen Freiheitskämpfers Theodor Körner: »Frisch auf, mein Volk, die Flammenzeichen rauchen!«

In der Nacht vom 15. auf den 16. Februar 1943 verabredeten sich Hans, Alexander und Willi zu einer ge-

Kommilitoninnen! Kommilitonen!

Erschüttert steht unser Volk vor dem Untergang der Männer von Stalingrad. Dreihundertdreissigtausend deutsche Männer hat die geniale Strategie des Weltkriegsgefreiten sinn- und verantwortungslos in Tod und Verderben gehetzt. Führer, wir danken dir!

Es gärt im deutschen Volk: Wollen wir weiter einem Dilettanten das Schicksal unserer Armeen anvertrauen? Wollen wir den niedrigen Machtinstinkten einer Parteiclique den Rest der deutschen Jugend opfern? Nimmermehr! Der Tag der Abrechnung ist gekommen, der Abrechnung unserer deutschen Jugend mit der verabscheuungswürdigsten Tyrannis, die unser Volk je erduldet hat. Im Namen der ganzen deutschen Jugend fordern wir von dem Staat Adolf Hitlers die persönliche Freiheit, das kostbarste Gut des Deutschen zurück, um das er uns in der erbärmlichsten Weise betrogen hat.

In einem Staat rücksichtsloser Knebelung jeder freien Meinungsäusserung sind wir aufgewachsen. HJ, SA, SS haben uns in den fruchtbarsten Bildungsjahren unseres Lebens zu uniformieren, zu revolutionieren, zu narkotisieren versucht. „Weltanschauliche Schulung" hiess die verächtliche Methode, das aufkeimende Selbstdenken und Selbstwerten in einem Nebel leerer Phrasen zu ersticken. Eine Führerauslese, wie sie teuflischer und bornierter zugleich nicht gedacht werden kann, zieht ihre künftigen Parteibonzen auf Ordensburgen zu gottlosen, schamlosen und gewissenlosen Ausbeutern und Mordbuben heran, zur blinden, stupiden Führergefolgschaft. Wir „Arbeiter des Geistes" wären gerade recht, dieser neuen Herrenschicht den Knüppel zu machen. Frontkämpfer werden von Studentenführern und Gauleiteraspiranten wie Schuljungen gemassregelt, Gauleiter greifen mit geilen Spässen den Studentinnen an die Ehre. Deutsche Studentinnen haben an der Münchner Hochschule auf die Besudelung ihrer Ehre eine würdige Antwort gegeben, deutsche Studenten haben sich für ihre Kameradinnen eingesetzt und standgehalten. Das ist ein Anfang zur Erkämpfung unserer freien Selbstbestimmung, ohne die geistige Werte nicht geschaffen werden können. Unser Dank gilt den tapferen Kameradinnen und Kameraden, die mit leuchtendem Beispiel vorangegangen sind!

Es gibt für uns nur eine Parole: Kampf gegen die Partei! Heraus aus den Parteigliederungen, in denen man uns politisch weiter mundtot halten will! Heraus aus den Hörsälen der SS- Unter- oder Oberführer und Parteikriecher! Es geht uns um wahre Wissenschaft und echte Geistesfreiheit! Kein Drohmittel kann uns schrecken, auch nicht die Schliessung unserer Hochschulen. Es gilt den Kampf jedes einzelnen von uns um unsere Zukunft, unsere Freiheit und Ehre in einem seiner sittlichen Verantwortung bewussten Staatswesen.

Freiheit und Ehre! Zehn lange Jahre haben Hitler und seine Genossen die beiden herrlichen deutsche Worte bis zum Ekel ausgequetscht, abgedroschen, verdreht, wie es nur Dilettanten vermögen, die die höchsten Werte einer Nation vor die Säue werfen. Was ihnen Freiheit und Ehre gilt, haben sie in zehn Jahren der Zerstörung aller materiellen und geistigen Freiheit, aller sittlichen Substanz im deutschen Volk genugsam gezeigt. Auch dem dümmsten Deutschen hat das furchtbare Blutbad die Augen geöffnet, das sie im Namen von Freiheit und Ehre der deutschen Nation in ganz Europa angerichtet haben und täglich neu anrichten. Der deutsche Name bleibt für immer geschändet, wenn nicht die deutsche Jugend endlich aufsteht, rächt und sühnt zugleich, seine Peiniger zerschmettert und ein neues, geistiges Europa aufrichtet.

Studentinnen! Studenten! Auf uns sieht das sieht das deutsche Volk! Von uns erwartet es, wie 1813 die Brechung des Napoleonischen, so 1943 die Brechung des nationalsozialistischen Terrors aus der Macht des Geistes. Beresina und Stalingrad flammen im Osten auf, die Toten von Stalingrad beschwören uns!

„Frisch auf, mein Volk, die Flammenzeichen rauchen!"
Unser Volk steht im Aufbruch gegen die Verknechtung Europas durch den Nationalsozialismus, im neuen glaubigen Durchbruch vor Freiheit und Ehre!

meinsamen Aktion. Zusammen gingen sie in die Innenstadt, warfen Briefumschläge mit den Flugblättern in verschiedene Postämter. Daneben brachten sie wieder die Aufschrift »Nieder mit Hitler!« an und schrieben bei der Buchhandlung Hugendubel noch mit grüner Farbe »Hitler Massenmörder« an das Gebäude.

Am 16. Februar kam Wilhelm Geyer wie üblich in die Wohnung der Scholls. Seltsam, niemand hörte auf sein Klingeln. Er drückte die Klinke herunter, im dunklen Flur standen Hans und Sophie Scholl und erschraken. »Ach, es ist ja Herr Geyer«, sage Sophie. Sie waren beide in Angst und Sorge, seit einiger Zeit fühlte sich Hans von der Gestapo beobachtet.

Am nächsten Tag musste Hans Hirzel zum Gestapo-Verhör in Ulm. Jemand, den er zuvor für den Widerstand zu gewinnen versuchte, hatte ihn angezeigt. Im Gespräch fiel dann der Name Sophie Scholl. Hirzel war äußerst beunruhigt. Für den Fall hatten sie ein Code-Wort festgelegt: »Das Buch ›Machtstaat und Utopie‹ sei vergriffen«. Er bat mit diesem Code Inge Scholl, ihren Bruder Hans zu warnen. Warum diese Nachricht ihn nicht erreichte, lässt sich nicht mehr genau klären.

Am nächsten Tag, dem 18. Februar, schrieb Sophie ihrer Freundin Lisa, dass sie Schuberts »Forellenquintett« höre und sie am liebsten selbst sich in eine Forelle verwandeln würde. Man könne nicht anders, als sich freuen und lachen, wenn man die Frühlingswolken am Himmel sähe und die knospenden Zweige. »Oh ich freue mich wieder so sehr auf den Frühling. Man spürt und riecht in diesem Ding von Schubert förmlich die Lüfte und Düfte, und vernimmt den ganzen Jubel der Vögel und der ganzen Kreatur.«

Ihrem Freund Franz schrieb sie noch einige Tage zuvor ins Lemberger Lazarett, wo er mittlerweile behandelt wurde, von den Plänen, die in ihr jetzt emporschießen wie »Urwaldblumen nach einem langen Regen, so bunt und ungeheuerlich«.

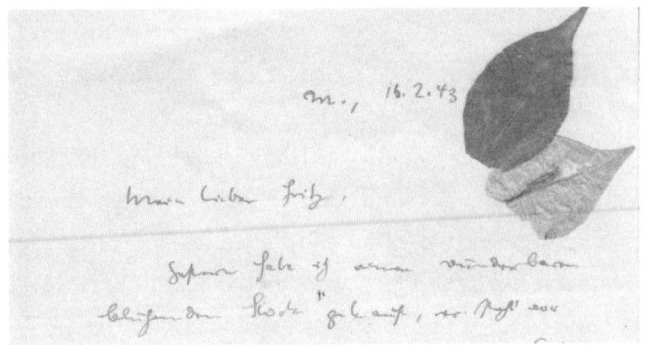

Am 16. Februar berichtete sie von einem blühenden Stock, den sie gekauft habe und der nun vor ihr auf dem Schreibtisch am hellen Fenster stehe und voller zarter lila Blüten sei, die um sie herumschweben: »Er ist meinen Augen und meinem Herzen eine rechte Freude, und ich wünsche mir nur, daß Du kommst, bevor er verblüht ist. Wann wirst Du nur kommen?« Und bevor sie den Briefumschlag verschloss, legte sie noch einige Blüten hinein.

17. Kapitel

Freiheit, Freiheit!

....

Der Frühling lag in der Luft an jenem 18. Februar 1943. Es fehlte nur noch ein kleiner Anstoß und es könnte einen Aufstand unter den Studentinnen und Studenten geben. Der Tag war mild und sonnig und es war schon längst nach 10 Uhr, als sich Hans und Sophie auf den Weg zur Universität machten. Sie lag nur einen kurzen Fußweg von ihrer gemeinsamen Wohnung in der Franz-Josef-Straße entfernt. Abwechselnd trugen sie den schweren Koffer. Er war randvoll mit Flugblättern.

Am selben Tag kamen in Berlin Tausende von Menschen, bestellte Zuhörer und Applaudierer, in den Sportpalast. Stalingrad sollte die Wende sein, hatte Hitler versprochen. Es war die Wende zum Untergang. Nun kam die Stunde des Propagandaministers und Joseph Goebbels hatte auf diesen Augenblick gewartet. Jetzt konnte er sein ganzes Können unter Beweis stellen. Er spielte mit den Emotionen seiner Zuhörerschaft, und die Begeisterung schlug Wellen. Er rief und die Menschen jubelten, er schrie und sie tobten. »Wollt ihr den totalen Krieg? Wollt ihr ihn, wenn nötig, totaler und radikaler, als wir ihn uns heute überhaupt

Franz-Josef-Straße 13

vorstellen können?«, hallte es durch den Sportpalast. Und das Ende seiner Triade schallte tausendfach zurück. »Jetzt, Volk, steh auf, und, Sturm, brich los!« Vom eigenen Jubel berauscht, stürmten die Massen ihrem Untergang zu, Und daneben Hans und Sophie Scholl, diese kleine Gruppe! Sie erheben ihre Stimme – aber wird man sie hören? Sie waren unbeugsam. Sie wollten nicht Masse sein, sondern eigene Individuen, freie Geschöpfe Gottes. Sie wollten es in diesen Tag hineinrufen und von allen Wänden sollte es widerhallen: »Freiheit, Freiheit!«

Hans und Sophie betreten das Universitätsgebäude. Oben liest noch Professor Huber, sie müssen sich beeilen. Auf der Treppe begegnen ihnen Traute Lafrenz und Willi Graf. Ihre Blicke treffen sich. Die beiden müssen noch zur nächsten Lehrveranstaltung ins Krankenhaus am anderen Ende der Stadt. Traute hat ein ungutes Ge-

Ludwig-Maximilians-Universität München

fühl. Hans hatte ja einmal angedeutet, dass er sich von der Gestapo beobachtet fühlt.

Die Geschwister legen die Flugblätter aus. Dann wollen sie über den Hintergang rausgehen, aber sie kehren noch einmal zurück. Ein ganzer Stoß Flugblätter ist noch übrig. Sie legen sie im obersten Stock aus. Ein Blick, ein Moment nur, Sophie gibt dem Stapel einen Stoß und die Flugblätter taumeln in den Lichthof hinunter. Die Türen öffnen sich und die Studenten strömen in das Treppengebäude. Da hören sie eine Stimme: »Sie sind verhaftet.« Der Hausmeister Jakob Schmid hält sie fest. Hans entgegnet ihm: »Lächerlich, so etwas, es ist eine Unverschämtheit, einen in der Universität herinnen festzunehmen.« Das Gebäude wird abgeriegelt und die Flugblätter werden eingesammelt.

Manchmal meint man, die Zeit würde still stehen, so dicht ist der Augenblick: Sie waren still, sie wehrten sich nicht. Sie ahnten, was jetzt kommen würde. Sie haben sich nichts vorgemacht. In dieser Zeit war der Kurswert eines Lebens tief gesunken. Das war es ja gerade, wogegen sie protestierten. Oder würden sie vielleicht doch noch einmal davonkommen? Sie

Lichthof der Universität München

hatten über den Fall einer Verhaftung gesprochen und sich auch abgesprochen. Aber konnte man alles bedenken? Wenn nur die Freunde gewarnt würden! Otl Aicher hatte sich derweil nach München aufgemacht – er hatte ja einen Hinweis von Hans Hirzel bekommen – doch er kam zu spät. Als er an der Wohnung in der Franz-Josef-Straße schellte, öffnete ihm die Gestapo.

Hans und Sophie Scholl wurden getrennt voneinander bewacht. Sophie versteckte noch schnell den Schlüssel vom Atelier Eickemeyer, Hans entdeckte in seiner Tasche den Entwurf eines Flugblattes, den Christoph Probst ihm zugesteckt hatte. Er hatte ihn vergessen, jetzt versuchte er, ihn unauffällig zu zerreißen, aber das hatte der Hausmeister mitbekommen. Er übergab die Schnitzel der Gestapo.

Mittlerweile war Kriminalsekretär Mohr eingetroffen. Er nahm die beiden mit in das Wittelsbacher Palais, das seit 1933 das Hauptquartier der Gestapo war. Dort wurden beide verhört und zunächst klang alles ganz einleuchtend: Die Geschwister waren auf dem Heimweg nach Ulm gewesen, der leere Koffer war für die Wäsche gewesen, die sie von Zuhause mitnehmen wollten. Allerdings passten die eingesammelten Flugblätter genau in den Koffer. Das machte den Gestapobeamten misstrauisch.

Wittelsbacher Palais

Da das Gestapogefängnis nicht für weibliche Gefangene vorgesehen war, kümmerte sich die Mitgefangene Else Gebel um Sophie und schrieb später, im November 1948, die letzte Zeit mit Sophie in einem fiktiven Brief auf: »Vor mir liegt Dein Bild, Sophie, ernst, fragend, zusammen mit Deinem Bruder und Christoph Probst aufgenommen. Als ob Du ahnen würdest, welch  schweres Schicksal Du erfüllen musst, das Euch drei im Tode vereint.« Im Gefängnis waren die »Maler« schon angekündigt worden und alle warteten gespannt. Dann sah man Sophie »ruhig, gelassen, fast heiter«. Man muss sich getäuscht haben. »Niemals hat sich dieses liebe Mädel mit dem offenen Kindergesicht bei solch waghalsigen Unternehmungen beteiligt.«

Die Hausdurchsuchung in der Franz-Joseph-Straße brachte die Briefmarkenbögen, ein Notizbuch mit Adressen und eine Reiseschreibmaschine zum Vorschein. Nun half kein Leugnen mehr. Am 19. Februar um vier Uhr morgens erklärte Hans, die Wahrheit zu sagen. Er wollte alles auf sich nehmen, aber Sophie stand zu ihrem Handeln. »Ich bin nach wie vor der Meinung, das Beste getan zu haben, was ich gerade jetzt für mein Volk tun konnte. Ich bereue deshalb meine Handlungsweise nicht und will die Folgen, die aus meiner Handlungsweise erwachsen, auf mich nehmen.«

Auf das Angebot, sich von ihren Taten zu distanzieren, entgegnete sie dem Gestapobeamten: »Sie täuschen sich, ich würde alles genau noch einmal machen, denn nicht ich, sondern Sie haben die falsche Weltanschauung.« Den Namen von Christoph Probst hatte Hans im Verhör genannt, die Handschrift hatte ihn ohnehin verraten. Er vermutete, dass er eine geringe Haftstrafe bekam. Als Sophie von seiner Verhaftung tags darauf hörte, erlebte Else Gebel sie fassungslos, das einzige Mal. Sie dachte an seine Frau und die drei kleinen Kinder, das Jüngste gerade geboren. Er sollte unbedingt geschont werden.

Die Mitgefangenen sammelten Tee und Kekse, Wurst und Butter für Sophie, die einiges weiter zu Hans schmuggeln lassen konnte. Am Sonntag wurde sie zunächst dem Haftrichter vorgeführt. Es erging an sie, wie auch an Hans und Christoph, die Anklage wegen Hochverrat, Feindbegünstigung und Wehrkraftzersetzung. Die Hauptverhandlung wurde auf den nächsten Tag festgesetzt. Gegen Mittag kam Kriminalsekretär Mohr zu ihr in die Zelle mit Obst, Keksen, Zigaretten und der Anklageschrift. Nervös liest sie die Schrift, wird dann aber ruhiger, es werden keine weiteren Namen verurteilt, die anderen konnten sich in Sicherheit bringen.

Dann dreht sie die Schrift um und schreibt unauffällig zweimal das Wort »Freiheit« auf die Rückseite – diese Botschaft an die Nachwelt ist der Gestapo entgangen.

Am Nachmittag schien die Sonne durch die Gefängnisgitter und Sophie sagte: »So ein herrlicher, sonniger Tag, und ich muß gehen. Aber wie viele müssen heutzutage auf den Schlachtfeldern sterben, wie viele junge hoffnungsvolle Männer ... was liegt an meinem Tod, wenn durch unser Handeln Tausende von Menschen aufgerüttelt werden. Unter der Studentenschaft gibt es bestimmt eine Revolte.«

Als dann der Pflichtverteidiger kam, fragte sie ihn, ob Hans als Soldat ein Recht auf einen Tod durch Erschießen hätte und ob sie öffentlich gehängt oder durch das Fallbeil sterben würde. Der Anwalt wich aus und verließ irritiert den Raum. Sie kann dann noch Abschiedsbriefe an die Familie schreiben, die aber nicht weitergegeben wurden.

Hans Scholls Gemütszustand war bedrückt und dann auch wieder fröhlich. Mit einem in die Zelle geschmuggelten Bleistift schrieb er die Losung der Familie an die Wand: »Allen Gewalten zum Trotz sich erhalten.«

Am nächsten Morgen erzählte Sophie ihrer Zellengenossin ihren Traum. Sie erinnert sich: »Du trugst an einem schönen Sonnentag ein Kind in einem langen weißen Kleid zur Taufe. Der Weg in die Kirche führte einen steilen Berg hinauf, aber fest und sicher trugst Du das Kind. Gänzlich unerwartet tat sich auf einmal eine Gletscherspalte auf. Du hattest noch Zeit, das Kind auf die gesicherte Seite zu legen, da stürztest Du in die Tiefe. Du legtest den Traum so aus: Das Kind im weißen Kleid ist unsere Idee, sie wird sich trotz aller Hindernisse durchsetzen. Wir dürfen Wegbereiter sein, müssen aber vorher sterben, für sie.« Zum Abschied drückte Else Gebel ihr noch einmal die Hand und sagte: »Gott sei mit Ihnen, Sophie.« Dann wurde sie abgeholt.

Am Morgen des 22. Februar 1942, einem Montagmorgen, kaufte sich der Gerichtsreferendar Leo Samberger am Kiosk vor dem Justizpalast Zigaretten. Dabei erfuhr er, dass mehrere Studenten angeklagt seien. Samberger gelang es noch, in den dicht besetzten Saal zu kommen. Gegen 9 Uhr wurden Hans und Sophie Scholl in den Gerichtssaal gebracht, sie sahen sich da zum ersten Mal wieder, saßen nebeneinander, aber durften sich nicht berühren. Gauleiter Paul Giesler hatte dafür gesorgt, dass Hans und Christoph von der

Wehrmacht ausgeschlossen wurden, so konnte für alle drei der Prozess vor dem Volksgerichtshof stattfinden. Der Vorsitzende in roter Robe mit schwarzem Barrett, Roland Freisler, kam aus Berlin. Er war berüchtigt und gefürchtet, in den Verhandlungen schrie und sprach er, sprang impulsiv auf und brüllte die Angeklagten nieder. Vor ihm stand nun Sophie Scholl.

Justizpalast München – Treppenaufgang

Leo Samberger erinnerte sich: »Was mich erschütterte, war, dass die Angeklagten, obwohl ich sie nicht persönlich kannte, mir wohlvertraute Gesichter waren aus den Münchner Konzertsälen, bei denen gerade in jenen Jahren so viele Menschen bei der Musik Haydns, Mozarts und Beethovens Stärke und Zuflucht suchten. Da standen Menschen, die ganz offensichtlich von ihren Idealen erfüllt waren. Ihre Antworten auf die teilweise unverschämten Fragen des Vorsitzenden, der sich in der ganzen Verhandlung nur als Ankläger aufspielte und nicht als Richter zeigte, waren ruhig, gefasst, klar und tapfer.«

Sophie Scholl soll Freisler entgegnet haben: »Einer muss doch schließlich damit anfangen. Was wir sagten und schrieben, denken ja so viele. Nur wagen Sie es nicht, es auszusprechen«.

Die Eltern hatten sich ebenfalls Zutritt zum Gerichtssaal verschafft, ein Freund ihrer Kinder hatte sie darüber informiert, dass der Prozess gegen Hans und Sophie um 10 Uhr in München beginnen würde. Traute Lafrenz, die zuvor nach Ulm gekommen war, schaffte es nicht, die Familie über die Verhaftung ihrer Kinder zu unterrichten. Werner, der überraschend von der Front nach Hause gekommen war, begleitete sie nach München. Der Vater wollte für seine Kinder die Verteidigung übernehmen, aber sie alle wurden des Saales verwiesen.

Um 13.30 Uhr zog sich das Gericht zurück, nach kurzer Beratung wurde das Todesurteil verkündet. Im

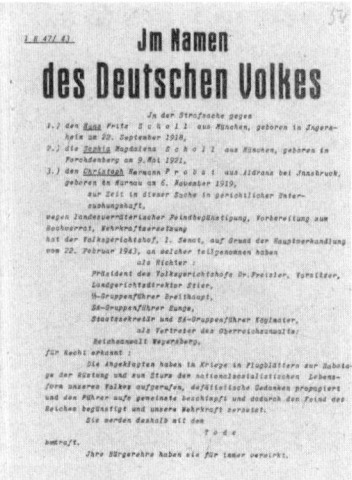

Schlusswort erklärte Hans, dass er zu seinen Taten stehe, Christoph bat um sein Leben um seiner Kinder willen. Sophie sagte nichts, ihr Schweigen war beredt. Dann wurden die drei in das Münchner Gefängnis Stadelheim überführt. Zusammen mit ihrem Sohn Werner folgten die Eltern Hans und Sophie. Auch wenn die Umstände nicht mehr rekonstruierbar sind – und es auch nicht erlaubt war –, sie konnten noch einmal mit ihren Kindern sprechen. Hans sagte, dass er keinen Hass mehr empfinde, das läge alles hinter ihm. Der Vater umarmte seinen Sohn und sagte ihm, dass es eine andere Gerechtigkeit gebe und sie in die Geschichte eingehen würden.

Als Sophie hereinkam, lächelte sie ihre Eltern an. Sie nahm dankbar die Kekse an, die die Mutter noch am Tag zuvor mit Traute Lafrenz für sie gebacken hatte. »Ach ja gerne, ich habe ja noch gar nicht zu Mittag gegessen«, sagte sie. Die Mutter sah ihre Tochter noch einmal an. Sie war etwas schmaler geworden, aber sie wirkte dennoch so jung und frisch. Sie lehnte leicht und lächelnd an der Heizung und hatte einen Glanz in den Augen, den sie sonst nicht kannte.

»Nun wirst du also gar nie mehr zur Türe hineinkommen«, sagte die Mutter. »Ach die paar Jährchen, Mutter«, gab Sophie zur Antwort. Dann betonte sie wie Hans, fest und überzeugt, gerade zu triumphierend: »Wir haben alles, alles auf uns genommen.« Und sie fügte hinzu: »Das wird Wellen schlagen.« Dann erinnerte sie die Mutter: »Gelt, Sophie: Jesus.« Und sie antwortete ihr ernst und fest: »Ja, aber du auch.« Dann verließ auch Sophie den Raum und die Mutter sah ihr nach.

Als gegen 15 Uhr der Gestapobeamte Mohr zu ihr kam, weinte Sophie das erste Mal. Erklärend sagte sie ihm: »Ich habe mich gerade von meinen Eltern verabschiedet. Sie werden begreifen.«

Christoph Probst schrieb der Mutter, dass sein Leben, wenn er es recht bedachte ein einziger Weg zu Gott war. Er wurde vom katholischen Gefängnisgeistlichen getauft und empfing die Kommunion, so wurde er in die katholische Kirche aufgenommen.

Um den Gerüchten zu entgegnen, Hans und Sophie seien zum katholischen Glauben konvertiert, hat der Bruder Werner über die letzte Stunde seiner Geschwister berichtet.

Zwar überlegte Hans zwar zunächst zu konvertieren, damit alle gemeinsam das Abendmahl feiern konnten. Das sah aber die Gefängnisordnung nicht vor, so blieb er im evangelischen Glauben. Sophie entschied genauso. Der evangelische Gefängnisgeistliche Dr. Karl Alt gab den Geschwistern das Abendmahl. Zuerst war er bei Hans, gemeinsam lasen sie den 90. Psalm, in dem es heißt: »Erfreue uns wieder, nachdem du uns so lange geplagt hast, nachdem wir so lange leiden.« Dann sprach der Pfarrer das »Hohe Lied der Liebe«, das 13. Kapitel des 1. Korintherbriefes: »Wenn ich mit Menschen- und mit Engelzungen redete und hätte der Liebe nicht, so wäre ich ein tönend Erz oder eine klingende Schelle.« Wie ihr Bruder feierte auch Sophie mit großer Andacht das Abendmahl, dann ging sie aufrecht hinaus.

Noch einmal durften die drei Verurteilten zusammenstehen und eine Zigarette rauchen. Sie würden sich bald wiedersehen – dann sind sie bei Gott, auf ewig. Sophie wurde als erste zur Guillotine geführt. Um 17 Uhr beendete mit einem dumpfen Schlag das Fallbeil ihr Leben. Als Hans abgeführt wurde, rief er laut über den Hof: »Es lebe die Freiheit!« Zuletzt wurde Christoph hingerichtet.

Fritz Hartnagel erhielt am 22. Februar den Brief, den Sophie ihm geschrieben hat. Als er ihn öffnete, fielen die Blüten heraus. Er las die Zeile »… ich wünsche mir nur, daß Du kommst.« Er wusste nicht, dass sie an diesem Tag sterben würde.

Die Mutter dachte jedes Mal, wenn sich diese Tage wiederholten, an ihre Kinder mit »schmerzlichem Gedenken«. »Es ist, wie wenn sie um uns wären und man sie begleiten müsste durch die Stunden der Verhöre und ihrer Zeit in der Zelle.« Magdalena Scholl wurde 1958 neben Hans und Sophie beerdigt, ebenso ihr Mann 1973.

18. Kapitel

Niemand hat größere Liebe ...

Am späten Nachmittag des 24. Februar 1943 wurden Hans und Sophie Scholl auf dem Friedhof Perlacher Forst in der Stadelheimer Straße, München-Obergiesing beerdigt. Der Gefängnispfarrer Dr. Alt sagte: »Niemand hat größere Liebe denn die, dass er sein Leben lässt für seine Freunde.« (Johannes 15,13) Darüber hatte er schon gesprochen, als er bei Hans und Sophie in der Zelle war. Die Trauergemeinde war sehr klein, sie bestand nur aus der Familie und Traute Lafrenz. Als der Pfarrer allen die Hand zum Abschied gab, wies er auf die untergehende Sonne und sagte: »Sie geht auch wieder auf.«

Etwas weiter steht der Grabstein von Alexander Schmorell. Er war auf der Flucht gefasst worden. Auch Professor Huber wurde verhaftet. Es gab einen zweiten Weiße-Rose-Prozess, bei dem ebenfalls Willi Graf mit angeklagt war. Insgesamt standen vierzehn Personen am 19. April 1943 vor Roland Freisler. Professor Huber hatte in der Zelle eine eindrückliche Verteidigungsrede geschreiben, sie aber nicht gehalten. »Ich fordere die Freiheit für unser deutsches Volk zurück. Wir wollen nicht an Sklavenketten unser kurzes Leben dahinfristen, und wären es goldene Ketten eines materiellen Überflusses.« Und er schrieb auch vom Deckmantel der Feigheit derer, die sich nicht trauten, dann aufzutreten, wenn offenkundig das Recht verletzt wird. Deutschland sollte ein freies Land sein. Deshalb konnte er nicht schweigen, wie auch alle anderen.

Alexander Schmorell, Willi Graf und Professor Huber – ihm hatte man zuvor auch den Professorentitel aberkannt – wurden zum Tode verurteilt, die anderen Mitangeklagten zu Gefängnisstrafen: Traute Lafrenz, Gisela Schertling, Katharina Schüddekopf, Hans und Susanne Hirzel, Heinrich Guter, Franz Josef Müller, Eugen Grimminger, Heinz Bollinger und Helmut Bauer. Falk Harnack erhielt als Einziger Freispruch. Sie waren

Freunde von Hans und Sophie Scholl und den anderen. Sie haben gedacht wie sie, haben sie unterstützt, haben manches gewusst, anderes geahnt und sind, mehr oder weniger zufällig, in die Hände der Gestapo geraten. Gemeinsam wurden sie nach Stadelheim gebracht, und als Falk Harnack zum Abschied Professor Huber noch einmal die Hand drückte, sagt er zu ihm: »Wir werden immer an euch denken. Es war nicht vergebens.« In der kommenden Zeit wurden immer wieder Freunde und Gleichgesinnte aus dem Umfeld der »Weißen Rose« verhaftet und vor Gericht gestellt.

Flugblätter kamen nach Hamburg und wurden dort nachgedruckt und verteilt. Über Schweden und die Schweiz gelangten sie auch in andere Länder. In London wurde das Flugblatt als »Manifest der Münchner Studenten« zu Hunderttausenden gedruckt und über Deutschland abgeworfen.

Zeitungen und Radiosender im Ausland berichteten über die »Weißen Rose«. Und Thomas Mann, dessen großen Roman »Der Zauberberg« Sophie Scholl in

Krauchenwies gelesen hatte und dessen Reden ihr Vater und ihr Bruder Hans im BBC gehörten hatten, sagte im britischen Sender:

> *Brave, herrliche Leute! Ihr sollt nicht umsonst gestorben, sollt nicht vergessen sein. Die Nazis haben schmutzigen Rowdies, gemeinen Killern in Deutschland Denkmäler gesetzt – die deutsche Revolution, die wirkliche, wird sie niederreißen und an ihrer Stelle eure Namen verewigen, die ihr, als noch Nacht über Deutschland und Europa lag, wußtet und verkündetet: Es dämmert ein neuer Glaube an Freiheit und Ehre.*
> *(27.6.1943)*

Erinnerung an die »Weiße Rose« auf dem Pflaster des Geschwister-Scholl-Platzes vor der Universität in München

Dank

Meine ehemaligen Schülerinnen, Marie Köhler und Lina Gerold, sind mir auf dem Weg durch das Leben Sophie Scholls gefolgt und waren als erste Leserinnen kritische Begleiterinnen. Ursula Kaufmann von der Weißen-Rose-Stiftung in München hat mir manchen wichtigen Hinweis gegeben. Meine Lektorin, Dr. Renate Hofmann, hat mich mit viel Geduld und Verständnis unterstützt und mich immer wieder ermutigt. Ihnen allen danke ich sehr für Ihr Engagement. Es war mir eine große Hilfe.

Dankbar bin ich auch für die Gespräche mit Elisabeth Hartnagel, Susanne Hirzel, Anneliese Knoop-Graf und Franz Josef Müller, die ich vor vielen Jahren führen konnte und die für mich sehr eindrücklich waren.

Kein Buch über Sophie Scholl kommt umhin, sich mit der sehr umfangreichen Literatur auseinanderzusetzen. Hilfreich waren für mich dabei neben den Quellen vor allem die akribischen Arbeiten von Dr. Barbara Beuys, Dr. Robert M. Zoske und Dr. Maren Gottschalk. Wo ich ihnen gefolgt und wo ich abgewichen bin, wird mit Blick auf diese Darstellungen leicht erkennbar sein.

Meinen beiden Kindern, meiner Schwiegertochter und meiner Enkelin habe ich dieses Buch gewidmet, weil es das Erbe Sophie Scholls ist, das wir und die kommenden Generationen zu wahren haben: ein Leben in Verantwortung mit einem wachen Geist und einem mitempfindenden Herzen. »Und nun Gott befohlen.«

Bildnachweis

Verwendete Literatur (in Auswahl):

Barbara Beuys, Sophie Scholl: Biographie, Insel-Verlag Berlin 2011.

Ulrich Chaussy und Gerd R. Ueberschär, »Es lebe die Freiheit!«: Die Geschichte der Weißen Rose und ihrer Mitglieder in Dokumenten und Berichten, Fischer Taschenbuch Verlag Frankfurt am Main 2013.

Maren Gottschalk, Wie schwer ein Menschenleben wiegt: Sophie Scholl, C. H. Beck Verlag München 2020.

Susanne Hirzel, Vom Ja zum Nein. Eine schwäbische Jugend 1933-1945, Klöpfer&Meyer und Co. Tübingen 1998.

Inge Jens, Hans Scholl und Sophie Scholl: Briefe und Aufzeichnungen, Fischer Taschenbuch Verlag Frankfurt am Main 1988.

Christoph Petry, Studenten aufs Schafott. Die Weiße Rose und ihr Scheitern, Piper Paperback 1713, München 1968.

Harald Steffahn, Die Weiße Rose, Rowohlt Monographien 498, Reinbek bei Hamburg 1992.

Hermann Vinke, Das kurze Leben der Sophie Scholl. Mit einem Interview von Ilse Aichinger. Otto Maier Verlag Ravensburg 1980.

Robert M. Zoske, Sophie Scholl: Es reut mich nichts: Porträt einer Widerständigen, Propyläen-Verlag Berlin 2020.

Weisse Rose Institut: https://weisserose.info/

Weiße Rose Stiftung e.V.: https://www.weisse-rose-stiftung.de/

Bibliografische Information der Deutschen Nationalbibliothek
Die Deutsche Nationalbibliothek verzeichnet diese Publikation
in der Deutschen Nationalbibliografie; detaillierte bibliografische
Daten sind im Internet über https://portal.dnb.de abrufbar.

Penguin Random House Verlagsgruppe FSC® N001967

1. Auflage
Copyright © 2021 Gütersloher Verlagshaus, Gütersloh,
in der Penguin Random House Verlagsgruppe GmbH,
Neumarkter Str. 28, 81673 München

Umschlagmotiv: Foto Sophie Scholl, © dpa picture alliance.com
Druck und Bindung: CPI books GmbH, Leck
Printed in Germany
ISBN 978-3-579-07155-8

www.gtvh.de